coleção primeiros passos 57

Carlos Benedito Martins

O QUE É SOCIOLOGIA

editora brasiliense

Copyright © by Carlos Benedito Martins
Nenhuma parte desta publicação pode ser gravada,
armazenada em sistemas eletrônicos. fotocopiada,
reproduzida por meios mecânicos ou outros quaisquer
sem autorização prévia do editor.

Primeira edição, 1982
76ª reimpressão, 2017

Diretoria editorial: *Maria Teresa B. de Lima*
Editor: *Max Welcman*
Produção editorial: *Adriana F. B. Zerbinati*
Produção gráfica: *Laidi Alberti*
Capa: *Guto Lacaz*
Ilustrações: *Emílio Damiani, Edson Lourenço e Fábio Costa*
Revisão: *Marcos Vinícius Toledo e Tiago Sliachticas*

Dados Internacionais de Catalogação na Publicação (CIP) (Câmara Brasileira do Livro, SP, Brasil)

Martins, Carlos Benedito, 1948 -
 O que é Sociologia / Carlos Benedito Martins. - - São Paulo: Brasiliense, 2013. - - (Coleção Primeiros Passos; 57)

73ª reimpr. da 1ª ed. de 1982.
ISBN 978-85-11-01057-2

1. Sociologia 2. Sociologia - História I. Título. II. Série

06-0192   CDD-301

Índices para catálogo sistemático:
1. Sociologia 301

editora brasiliense ltda.
Rua Antônio de Barros, 1720 – Tatuapé
CEP 03401-001 – São Paulo – SP
www.editorabrasiliense.com.br

SUMÁRIO

Introdução 9
I. O surgimento 12
II. A formação 37
III. O desenvolvimento 76
Indicações para leitura 99
Sobre o autor 103

Para Vavy Pacheco

INTRODUÇÃO

A sociologia constitui um projeto intelectual tenso e contraditório. Para alguns ela representa uma poderosa arma a serviço dos interesses dominantes, para outros ela é a expressão teórica dos movimentos revolucionários.

A sua posição é notavelmente contraditória. De um lado, foi proscrita de inúmeros centros de ensino. Foi fustigada, em passado recente, nas universidades brasileiras, congelada pelos governos militares argentino, chileno e outros do gênero. Em 1968, os coronéis gregos acusavam-na de ser disfarce do marxismo e teoria da revolução. Enquanto isso, os estudantes de Paris escreviam nos muros da Sorbone que "não teríamos mais problemas quando o último sociólogo fosse estrangulado com as tripas do último burocrata".

Como compreender as avaliações tão diferentes dirigidas em relação a essa ciência? Para esclarecer esta questão, torna-se necessário conhecer, ainda que de forma bastante geral e com algumas omissões, um pouco de sua história. Isso me leva a situar a sociologia — este conjunto de conceitos, de técnicas e de métodos de investigação produzidos para explicar a vida social — no contexto histórico que possibilitou o seu surgimento, formação e desenvolvimento.

Este livro parte do princípio de que a sociologia seja o resultado de uma tentativa de compreensão de situações sociais radicalmente novas, criadas pela então nascente sociedade capitalista. A trajetória desta ciência tem sido uma constante tentativa de dialogar com a civilização capitalista, em suas diferentes fases.

Na verdade, a sociologia, desde o seu início, sempre foi algo mais do que uma mera tentativa de reflexão sobre a sociedade moderna. Suas explicações sempre contiveram intenções práticas, um forte desejo de interferir no rumo desta civilização. Se o pensamento científico sempre guarda uma correspondência com a vida social, na sociologia esta influência é particularmente marcante. Os interesses econômicos e políticos dos grupos e das classes sociais, que na sociedade capitalista apresentam-se de forma divergente, influenciam profundamente a elaboração do pensamento sociológico.

Procuro apresentar, em termos de debate, a dimensão política da sociologia, a natureza e as consequências de seu envolvimento nos embates entre os grupos e as classes sociais e refletir em que medida os conceitos e as teorias produzidos pelos sociólogos contribuem para manter ou alterar as relações de poder existentes na sociedade.

I
O SURGIMENTO

Podemos entender a sociologia como uma das manifestações do pensamento moderno. A evolução do pensamento científico, que vinha se constituindo desde Copérnico, passa a cobrir, com a sociologia, uma nova área do conhecimento ainda não incorporada ao saber científico, ou seja, o mundo social. Surge posteriormente à constituição das ciências naturais e de diversas ciências sociais.

A sua formação constitui um acontecimento complexo para o qual concorrem uma constelação de circunstâncias, históricas e intelectuais, e determinadas intenções práticas. O seu surgimento ocorre num contexto histórico específico, que coincide com os derradeiros momentos da desagregação da sociedade feudal e da consolidação da civilização capitalista. A sua criação não é obra de um único filósofo ou cientista, mas representa o resultado da elaboração de um conjunto de pensadores que se empenharam em compreender as novas situações de existência que estavam em curso.

O século XVIII constitui um marco importante para a história do pensamento ocidental e para o surgimento da sociologia. As transformações econômicas, políticas e culturais que se aceleram a partir dessa época colocarão problemas inéditos para os homens que experimentavam as mudanças que ocorriam no ocidente europeu. A dupla revolução que esse século testemunha — a industrial e a francesa — constituía os dois lados de um mesmo processo, qual seja, a instalação definitiva da sociedade capitalista. A palavra sociologia apareceria somente um século depois, por volta de 1830, mas são os acontecimentos desencadeados pela dupla revolução que a precipita e a torna possível.

Não constitui objetivo desta parte do trabalho proceder a uma análise dessas duas revoluções, mas apenas estabelecer algumas relações que elas possuem com a formação da sociologia. A revolução industrial significou algo mais do que a introdução da máquina a vapor e dos sucessivos aperfeiçoamentos dos métodos produtivos. Ela representou o triunfo da indústria capitalista, capitaneada pelo empresário capitalista que foi pouco a pouco concentrando as máquinas, as terras e as ferramentas sob o seu controle, convertendo grandes massas humanas em simples trabalhadores despossuídos.

Cada avanço com relação à consolidação da sociedade capitalista representava a desintegração, o solapamento de costumes e instituições até então existentes e a introdução de novas formas de organizar a vida social. A utilização da máquina na produção não apenas destruiu o artesão independente, que possuía um pequeno pedaço de terra, cultivado nos seus momentos livres. Este foi também submetido a uma severa disciplina, a novas formas de conduta e de relações de trabalho, completamente diferentes das vividas anteriormente por ele.

Num período de oitenta anos, ou seja, entre 1780 e 1860, a Inglaterra havia mudado de forma marcante a sua fisionomia. País com pequenas cidades, com uma população rural dispersa, passou a comportar enormes cidades, nas quais se concentravam suas nascentes indústrias, que espalhavam produtos para o mundo inteiro. Tais modificações não poderiam deixar de produzir novas realidades para os homens dessa época. A formação de uma sociedade que se industrializava e urbanizava em ritmo crescente implicava a reordenação da sociedade rural, a destruição da servidão, o desmantelamento da família patriarcal etc. A transformação da atividade artesanal em manufatureira e, por último, em atividade fabril, desencadeou uma maciça emigração do campo para a cidade, assim como engajou mulheres e crianças em jornadas de trabalho de pelo menos doze horas, sem férias e feriados, ganhando um salário de subsistência. Em alguns setores da indústria inglesa, mais da metade dos trabalhadores era constituída por mulheres e crianças que ganhavam salários inferiores aos dos homens.

A desaparição dos pequenos proprietários rurais, dos artesãos independentes, a imposição de prolongadas horas de trabalho etc., tiveram um efeito traumático sobre milhões de seres humanos ao modificar radicalmente suas formas habituais de vida. Essas transformações, que possuíam um sabor de cataclismo, faziam-se mais visíveis nas cidades industriais, locais para onde convergiam todas essas modificações e explodiam suas consequências. Essas cidades passavam por um vertiginoso crescimento demográfico, sem possuir, no entanto, uma estrutura de moradias, de serviços sanitários, de saúde, capaz de acolher a população que se deslocava do campo. Manchester, que constitui um ponto de referência indicativo desses tempos, por volta do início do século XIX era habitada por setenta mil habitantes; cinquenta anos depois, possuía trezentas mil pessoas. As consequências da rápida industrialização e urbanização levadas a cabo pelo sistema capitalista foram tão visíveis quanto trágicas: aumento assustador da prostituição, do suicídio, do alcoolismo, do infanticídio, da criminalidade, da violência, de surtos de epidemia de tifo e cólera que dizimaram parte da população etc. É evidente que a situação de miséria também atingia o campo, principalmente os trabalhadores assalariados, mas o seu epicentro ficava, sem dúvida, nas cidades industriais.

Um dos fatos de maior importância relacionados à revolução industrial é, sem dúvida, o aparecimento do proletariado e o papel histórico que ele desempenharia na sociedade capitalista. Os efeitos catastróficos que essa revolução acarretava para a classe trabalhadora levaram-na a negar suas condições de vida. As manifestações de revolta dos trabalhadores atravessaram diversas fases, como a destruição das máquinas, atos de sabotagem e explosão de algumas oficinas, roubos e crimes, evoluindo para a criação de associações livres, formação de sindicatos etc. A consequência dessa crescente organização foi a de que os "pobres" deixaram de se confrontar com os "ricos"; mas uma classe específica, a classe operária, com consciência de seus interesses, começava a organizar-se para enfrentar os proprietários dos instrumentos de trabalho. Nessa trajetória, iam produzindo seus jornais, sua própria literatura, procedendo a uma crítica da sociedade capitalista e inclinando-se para o socialismo como alternativa de mudança.

Qual a importância desses acontecimentos para a sociologia? O que merece ser salientado é que a profundidade das transformações em curso colocava a sociedade num plano de análise, ou seja, esta passava a se constituir em "problema", em "objeto" que deveria ser investigado. Os pensadores ingleses que testemunhavam essas transformações e com elas se preocupavam não eram, no entanto, homens de ciência ou sociólogos que viviam dessa profissão. Eram antes de tudo homens voltados para a ação, que desejavam introduzir determinadas modificações na sociedade. Participavam ativamente dos debates ideológicos em que se envolviam as correntes liberais, conservadoras e socialistas. Eles não desejavam produzir um mero conhecimento sobre as novas condições de vida geradas pela revolução industrial, mas procuravam extrair dele orientações para a ação, tanto para manter como para reformar ou modificar radicalmente a sociedade de seu tempo. Tal fato significa que os precursores da sociologia foram recrutados entre militantes políticos, entre indivíduos que participavam e se envolviam profundamente com os problemas de suas sociedades.

Pensadores como Robert Owen (1771-1858), William Thompson (1775-1833), Jeremy Bentham (1748-1832), só para citar alguns daquele momento histórico, podiam discordar entre si ao julgarem as novas condições de vida provocadas pela revolução industrial e as modificações que deveriam ser realizadas na nascente sociedade industrial, mas todos eles concordavam que ela produzira fenômenos inteiramente novos que mereciam ser analisados. O que eles refletiram e escreveram foi de fundamental importância para a formação e constituição de um saber sobre a sociedade.

A sociologia constitui em certa medida uma resposta intelectual às novas situações colocadas pela revolução industrial. Boa parte de seus temas de análise e de reflexão foi retirada das novas situações, como, por exemplo, a situação da classe trabalhadora, o surgimento da cidade industrial, as transformações tecnológicas, a organização do trabalho na fábrica etc. É a formação de uma estrutura social muito específica — a sociedade capitalista — que impulsiona uma reflexão sobre a sociedade, sobre suas transformações, suas crises, seus antagonismos de classe. Não é por mero acaso que a sociologia, enquanto instrumento de análise, inexistia nas relativamente estáveis sociedades pré-capitalistas, uma vez que o ritmo e o nível das mudanças que aí se verificavam não chegavam a colocar a sociedade como "um problema" a ser investigado.

O surgimento da sociologia, como se pode perceber, prende-se em parte aos abalos provocados pela revolução industrial, pelas novas condições de existência por ela criadas. Mas outra circunstância concorreria também para a sua formação. Trata-se das modificações que vinham ocorrendo nas formas de pensamento. As transformações econômicas, que se achavam em curso no ocidente europeu desde o século XVI, não poderiam deixar de provocar modificações na forma de conhecer a natureza e a cultura.

A partir daquele momento, o pensamento paulatinamente vai renunciando a uma visão sobrenatural para explicar os fatos e substituindo-a por uma indagação racional. A aplicação da observação e da experimentação, ou seja, do método científico para a explicação da natureza, conhecia uma fase de grandes progressos. Num espaço de cento e cinquenta anos, ou seja, de Copérnico a Newton, a ciência passou por um notável progresso, mudando até mesmo a localização do planeta Terra no cosmo.

O emprego sistemático da observação e da experimentação como fonte para a exploração dos fenômenos da natureza estava possibilitando uma grande acumulação de fatos. O estabelecimento de relações entre esses fatos ia possibilitando aos homens dessa época um conhecimento da natureza que lhes abria possibilidade de a controlar e dominar.

O pensamento filosófico do século XVII contribuiu para popularizar os avanços do pensamento científico. Para Francis Bacon (1561-1626), por exemplo, a teologia deixaria de ser a forma norteadora do pensamento. A autoridade, que exatamente constituía um dos alicerces da teologia, deveria, em sua opinião, ceder lugar a uma dúvida metódica, a fim de possibilitar um conhecimento objetivo da realidade. Para ele, o novo método de conhecimento, baseado na observação e na experimentação, ampliaria infinitamente o poder do homem e deveria ser estendido e aplicado ao estudo da sociedade. Partindo dessas ideias, chegou a propor um programa para acumular os dados disponíveis e com eles realizar experimentos a fim de descobrir e formular leis gerais sobre a sociedade.

O emprego sistemático da razão, do livre exame da realidade — traço que caracterizava os pensadores do século XVII, os chamados racionalistas —, representou um grande avanço para libertar o conhecimento do controle teológico, da tradição, da "revelação" e, consequentemente, para a formulação de uma nova atitude intelectual diante dos fenômenos da natureza e da cultura.

Diga-se de passagem, que o progressivo abandono da autoridade, do dogmatismo e de uma concepção providencialista, enquanto atitudes intelectuais para analisar a realidade, não constituía um acontecimento circunscrito apenas ao campo científico ou filosófico. A literatura do século XVII, por exemplo, constituía outra área que ia se afastando do pensamento oficial, na medida em que se rebelava contra a criação literária legitimada pelo poder. A obra de vários literatos dessa época investia contra as instituições oficiais, procurando desmascarar os fundamentos do poder político, contribuindo assim para a renovação dos costumes e hábitos mentais dos homens da época.

Se no século XVIII os dados estatísticos voavam, indicando uma produtividade antes desconhecida, o pensamento social desse período também realizava seus voos rumo a novas descobertas. A pressuposição de que o processo histórico possui uma lógica passível de ser apreendida constituiu um acontecimento que abria novas pistas para a investigação racional da sociedade. Esse enfoque, por exemplo, estava na obra de Vico (1668-1744), para o qual é o homem quem produz a história. Apoiando-se nesse ponto de vista, afirmava que a sociedade podia ser compreendida porque, ao contrário da natureza, ela constitui obra dos próprios indivíduos. Essa postura diante da sociedade, que encontra em Vico um de seus expoentes, influenciou os historiadores escoceses da época, como David Hume (1711-1776) e Adam Ferguson (1723-1816), e seria posteriormente desenvolvida e amadurecida por Hegel e Marx.

Data também dessa época a disposição de tratar a sociedade a partir do estudo de seus grupos e não dos indivíduos isolados. Essa orientação estava, por exemplo, nos trabalhos de Ferguson, que acrescentava que, para o estudo da sociedade, era necessário evitar conjecturas e especulações. A obra desse historiador escocês revela a influência de algumas ideias de Bacon, como a de que é a indução, e não a dedução, que nos revela a natureza do mundo, e a importância da observação enquanto instrumento para a obtenção do conhecimento.

No entanto, é entre os pensadores franceses do século XVIII que encontramos um grupo de filósofos que procurava transformar não apenas as velhas formas de conhecimento, baseadas na tradição e na autoridade, mas a própria sociedade. Os iluministas, enquanto ideólogos da burguesia, que nessa época posicionava-se de forma revolucionária, atacaram com veemência os fundamentos da sociedade feudal, os privilégios de sua classe dominante e as restrições que esta impunha aos interesses econômicos e políticos da burguesia.

É a intensidade do conflito entre as classes dominantes da sociedade feudal e a burguesia revolucionária que leva os filósofos, seus representantes intelectuais, a atacar de forma impiedosa a sociedade feudal e a sua estrutura de conhecimento, e a negar abertamente a sociedade existente.

Para proceder a uma indagação crítica da sociedade da época, os iluministas partiram dos seus antecessores do século XVII, como Descartes, Bacon, Hobbes e outros, reelaborando, porém, algumas de suas ideias e procedimentos.

Ao invés de utilizar a dedução, como a maioria dos pensadores do século XVII, os iluministas insistiam numa explicação da realidade baseada no modelo das ciências da natureza. Nesse sentido, eram influenciados mais por Newton, com seu modelo de conhecimento baseado na observação, na experimentação e na acumulação de dados, do que por Descartes, com seu método de investigação baseado na dedução.

Influenciado por esse estado de espírito, Condorcet (1742-1794), por exemplo, desejava aplicar os métodos matemáticos ao estudo dos fenômenos sociais, estabelecendo uma área própria de investigação a que denominava "matemática social". Admitia ele que, utilizando os mesmos procedimentos das ciências naturais para o estudo da sociedade, este poderia atingir a mesma precisão de vocabulário e exatidão de resultados obtidas por aqueles.

Combinando o uso da razão e da observação, os iluministas analisaram quase todos os aspectos da sociedade. Os trabalhos de Montesquieu (1689-1755), por exemplo, estabelecem uma série de observações sobre a população, o comércio, a religião, a moral, a família etc. O objetivo dos iluministas, ao estudar as instituições de sua época, era demonstrar que elas eram irracionais e injustas, que atentavam contra a natureza dos indivíduos e, nesse sentido, impediam a liberdade do homem. Concebiam o indivíduo como dotado de razão, possuindo uma perfeição inata e destinado à liberdade e à igualdade social. Ora, se as instituições existentes constituíam um obstáculo à liberdade do indivíduo e à sua plena realização, elas, segundo eles, deveriam ser eliminadas. Dessa forma reivindicavam a liberação do indivíduo de todos os laços sociais tradicionais, tal como as corporações, a autoridade feudal etc.

Procedendo dessa forma, os iluministas conferiam uma clara dimensão crítica e negadora ao conhecimento, pois este assumia a tarefa não só de conhecer o mundo natural ou social tal como se apresentava, mas também de criticá-lo e rejeitá-lo. O conhecimento da realidade e a disposição de transformá-la eram, portanto, uma só coisa. A filosofia, de acordo com esta concepção, não constituía um mero conjunto de noções abstratas distantes e à margem da realidade, mas, ao contrário, um valioso instrumento prático que criticava a sociedade presente, vislumbrando outras possibilidades de existência social além das existentes.

O visível progresso das formas de pensar, fruto das novas maneiras de produzir e viver, contribuía para afastar interpretações baseadas em superstições e crenças infundadas, assim como abria um espaço para a constituição de um saber sobre os fenômenos histórico-sociais. Essa crescente racionalização da vida social que gerava um clima propício à constituição de um estudo científico da sociedade não era, porém, um privilégio de filósofos e homens que se dedicavam ao conhecimento. O "homem comum" dessa época também deixava, cada vez mais, de encarar as instituições sociais, as normas, como fenômenos sagrados e imutáveis, submetidos a forças sobrenaturais, passando a percebê-las como produtos da atividade humana, portanto passíveis de serem conhecidas e transformadas.

A intensidade da crítica às instituições feudais levada a cabo pelos iluministas constituía indisfarçável indício da virulência da luta que a burguesia travava no plano político contra as classes que sustentavam a dominação feudal. Na França, o conflito entre as novas forças sociais ascendentes chocava-se com uma típica monarquia absolutista, que assegurava consideráveis privilégios a aproximadamente quinhentas mil pessoas, isso num país que possuía ao final do século XVIII uma população de vinte e três milhões de indivíduos. Essa camada privilegiada não apenas gozava de isenção de impostos e possuía direitos para receber tributos feudais, mas impedia ao mesmo tempo a constituição de livre-empresa, a exploração eficiente da terra e demonstrava-se incapaz de criar uma administração padronizada por meio de uma política tributária racional e imparcial.

A burguesia, ao tomar o poder em 1789, investiu decididamente contra os fundamentos da sociedade feudal, procurando construir um Estado que assegurasse sua autonomia em face da Igreja e que protegesse e incentivasse a empresa capitalista. Para a destruição do "ancien régime", foram mobilizadas as massas, especialmente os trabalhadores pobres das cidades. Alguns meses mais tarde, elas foram "presenteadas" pela nova classe dominante, com a interdição dos seus sindicatos.

À investida da burguesia rumo ao poder, sucedeu-se uma liquidação sistemática do velho regime. A revolução ainda não completara um ano de existência, mas fora suficientemente intempestiva para liquidar a velha estrutura feudal e o Estado monárquico.

O objetivo da Revolução de 1789 não era apenas mudar a estrutura do Estado, mas abolir radicalmente a antiga forma de sociedade, com suas instituições tradicionais, seus costumes e hábitos arraigados, e ao mesmo tempo promover profundas inovações na economia, na política, na vida cultural etc. É dentro desse contexto que se situam a abolição dos grêmios e das corporações e a promulgação de uma legislação que limitava os poderes patriarcais na família, coibindo os abusos da autoridade do pai, forçando-o a uma divisão igualitária da propriedade. A revolução desferiu também seus golpes contra a Igreja, confiscando suas propriedades, suprimindo os votos monásticos e transferindo para o Estado as funções da educação, tradicionalmente controladas pela Igreja. Investiu contra e destruiu os antigos privilégios de classe, amparou e incentivou o empresário.

O impacto da revolução foi tão profundo que, passados quase setenta anos do seu triunfo, Alexis de Tocqueville, um importante pensador francês, referia-se a ela da seguinte maneira:

> A Revolução segue seu curso: à medida que vai aparecendo a cabeça do monstro, descobre-se que, após ter destruído as instituições políticas, ela suprime as instituições civis e muda, em seguida, as leis, os usos, os costumes e até a língua; após ter arruinado a estrutura do governo, mexe nos fundamentos da sociedade e parece querer agredir até a Deus; quando esta mesma Revolução expande-se rapidamente por toda a parte com procedimentos desconhecidos, novas táticas, máximas mortíferas, poder espantoso que derruba as barreiras dos impérios, quebra coroas, esmaga povos e — coisa estranha — chega ao mesmo tempo a ganhá-los para a sua causa; à medida que todas estas coisas explodem, o ponto de vista muda. O que à primeira vista parecia aos príncipes da Europa e aos estadistas um acidente comum na vida dos povos, tornou-se um fato novo, tão contrário a tudo que aconteceu antes no mundo e no entanto tão geral, tão monstruoso, tão incompreensível que, ao apercebê-lo, o espírito fica como que perdido.

A Revolução Francesa: uma nova realidade.

O espanto de Tocqueville diante da nova realidade inaugurada pela Revolução Francesa seria compartilhado também por outros intelectuais do seu tempo. Durkheim, por exemplo, um dos fundadores da sociologia, afirmou certa vez que, a partir do momento em que "a tempestade revolucionária passou, constituiu-se como que por encanto a noção de ciência social". O fato é que pensadores franceses da época, como Saint-Simon, Comte, Le Play e alguns outros, concentrarão suas reflexões sobre a natureza e as consequências da revolução. Em seus trabalhos, utilizarão expressões como "anarquia", "perturbação", "crise", "desordem", para julgar a nova realidade provocada pela revolução. Nutriam em geral esses pensadores um certo rancor pela revolução, principalmente por aquilo que eles designavam como "os seus falsos dogmas", como o seu ideal de igualdade, de liberdade, e a importância conferida ao indivíduo em face das instituições existentes.

A tarefa que esses pensadores se propõem é a de racionalizar a nova ordem, encontrando soluções para o estado de "desorganização" então existente. Mas para restabelecer a "ordem e a paz", pois é a esta missão que esses pensadores se entregam, para encontrar um estado de equilíbrio na nova sociedade, seria necessário, segundo eles, conhecer as leis que regem os fatos sociais, instituindo portanto uma ciência da sociedade.

A verdade é que a burguesia, uma vez instalada no poder, se assusta com a própria revolução. Uma das facções revolucionárias, por exemplo, os jacobinos, estava disposta a aprofundá-la, radicalizando-a e levando-a até o fim, situando-a além do projeto e dos interesses da burguesia. Para contornar a propagação de novos surtos revolucionários, enquanto estratégia para modificação das sociedades seria necessário, de acordo com os interesses da burguesia, controlar e neutralizar novos levantes revolucionários. Nesse sentido, era de fundamental importância proceder a modificações substanciais em sua teoria da sociedade.

A interpretação crítica e negadora da realidade que constituiu um dos traços marcantes do pensamento iluminista e alimentou o projeto revolucionário da burguesia, deveria de agora em diante ser "superada" por outra que conduzisse não mais à revolução, mas à "organização", ao "aperfeiçoamento" da sociedade. Saint-Simon, de uma maneira muito explícita, afirmaria a este respeito que "a filosofia do último século foi revolucionária; a do século XX deve ser reorganizadora". A tarefa que os fundadores da sociologia assumem é, portanto, a de estabilização da nova ordem. Comte também é muito claro quanto a essa questão. Para ele, a nova teoria da sociedade, que ele denominava de "positiva", deveria ensinar os homens a aceitar a ordem existente, deixando de lado a sua negação.

A França, no início do século XIX, ia se tornando visivelmente uma sociedade industrial, com uma introdução progressiva da maquinaria, principalmente no setor têxtil. Mas o desenvolvimento acarretado por essa industrialização causava aos operários franceses miséria e desemprego. Essa situação logo encontraria resposta por parte da classe trabalhadora. Em 1816-1817 e em 1825-1827, os operários destroem as máquinas em manifestações de revolta. Com a industrialização da sociedade francesa, conduzida pelo empresário capitalista, repetem-se determinadas situações sociais vividas pela Inglaterra no início de sua Revolução Industrial. Eram visíveis, a essa época, a utilização intensiva do trabalho barato de mulheres e crianças, uma desordenada migração do campo para a cidade, gerando problemas de habitação, de higiene, aumento do alcoolismo e da prostituição, alta taxa de mortalidade infantil etc.

A partir da terceira década do século XIX, intensificam-se na sociedade francesa as crises econômicas e as lutas de classe. A contestação da ordem capitalista, levada a cabo pela classe trabalhadora, passa a ser reprimida com violência, como em 1848, quando a burguesia utiliza os aparatos do Estado, por ela dominado, para sufocar as pressões populares. Cada vez mais ficava claro para a burguesia e seus representantes intelectuais que a filosofia iluminista, que passava a ser designada por eles como "metafísica", "atividade crítica inconsequente", não seria capaz de interromper aquilo que denominavam estado de "desorganização", de "anarquia política" e criar uma ordem social estável.

Determinados pensadores da época estavam imbuídos da crença de que, para introduzir uma "higiene" na sociedade, para "reorganizá-la", seria necessário fundar uma nova ciência. Durkheim, ao discutir a formação da sociologia na França do século XIX, refere-se a Saint-Simon da seguinte forma:

> O desmoronamento do antigo sistema social, ao instigar a reflexão à busca de um remédio para os males de que a sociedade padecia, incitava-o por isso mesmo a aplicar-se às coisas coletivas. Partindo da ideia de que a perturbação que atingia as sociedades europeias resultava do seu estado de desorganização intelectual, ele entregou-se à tarefa de pôr termo a isto. Para refazer uma consciência nas sociedades, são estas que importa, antes de tudo, conhecer. Ora, esta ciência das sociedades, a mais importante de todas, não existia; era necessário, portanto, num interesse prático, fundá-la sem demora.

Como se percebe pela afirmação de Durkheim, esta ciência surge com interesses práticos e não "como que por encanto", como certa vez afirmara.

Enquanto resposta intelectual à "crise social" de seu tempo, os primeiros sociólogos irão revalorizar determinadas instituições que, segundo eles, desempenham papéis fundamentais na integração e na coesão da vida social. A jovem ciência assumia como tarefa intelectual repensar o problema da ordem social, enfatizando a importância de instituições como a autoridade, a família, a hierarquia social, destacando a sua importância teórica para o estudo da sociedade. Assim, por exemplo, Le Play (1806-1882) afirmaria que é a família e não o indivíduo isolado que possuía significação para uma compreensão da sociedade, pois era uma unidade fundamental para a experiência do indivíduo e elemento importante para o conhecimento da sociedade. Ao realizar um vasto estudo sobre as famílias de trabalhadores, insistia que estas, sob a industrialização, haviam se tornado descontínuas, inseguras e instáveis. Diante de tais fatos, propunha como solução para a restauração de seu papel de "unidade social básica" a reafirmação da autoridade do "chefe de família", evitando a igualdade jurídica de homens e mulheres, delimitando o papel da mulher às funções exclusivas de mãe, esposa e filha.

Procedendo dessa forma, ou seja, tentando instaurar um estado de equilíbrio numa sociedade cindida pelos conflitos de classe, esta sociologia inicial revestiu-se de um indisfarçável conteúdo estabilizador, ligando-se aos movimentos de reforma conservadora da sociedade.

Na concepção de um de seus fundadores, Comte, a sociologia deveria orientar-se no sentido de conhecer e estabelecer aquilo que ele denominava *leis imutáveis* da vida social, abstendo-se de qualquer consideração crítica, eliminando também qualquer discussão sobre a realidade existente, deixando de abordar, por exemplo, a questão da igualdade, da justiça, da liberdade. Vejamos como ele a define e quais objetivos deveria ela perseguir, na sua concepção:

> Entendo por física social a ciência que tem por objeto próprio o estudo dos fenômenos sociais, segundo o mesmo espírito com que são considerados os fenômenos astronômicos, físicos, químicos e fisiológicos, isto é, submetidos a leis invariáveis, cuja descoberta é o objetivo de suas pesquisas. Os resultados de suas pesquisas tornam-se o ponto de partida positivo dos trabalhos do homem de Estado, que só tem, por assim dizer, como objetivo real descobrir e instituir as formas práticas correspondentes a esses dados fundamentais, a fim de evitar ou pelo menos mitigar, quanto possível, as crises mais ou menos graves que um movimento espontâneo determina, quando não foi previsto. Numa palavra, a ciência conduz à previdência, e a previdência permite regular a ação.

Não deixa de ser sugestivo o termo "física social", utilizado por Comte para referir-se à nova ciência, uma vez que ele expressa o desejo de construí-la a partir dos modelos das ciências físico-naturais. A oficialização da sociologia foi, portanto, em larga medida uma criação do positivismo, e uma vez assim constituída procurará realizar a legitimação intelectual do novo regime.

Esta sociologia de inspiração positivista procurará construir uma teoria social separada não apenas da filosofia negativa, mas também da economia política como base para o conhecimento da realidade social. Separando a filosofia e a economia política, isolando-as do estudo da sociedade, esta sociologia procura criar um objeto autônomo, "O social", postulando uma independência dos fenômenos sociais em face dos econômicos.

Não será esta sociologia, criada e moldada pelo espírito positivista, que colocará em questão os fundamentos da sociedade capitalista, já então plenamente configurada. Também não será nela que o proletariado encontrará a sua expressão teórica e a orientação para suas lutas práticas. É no pensamento socialista, em seus diferentes matizes, que o proletariado, esse rebento da revolução industrial, buscará seu referencial teórico para levar adiante as suas lutas na sociedade de classes. É nesse contexto que a sociologia vincula-se ao socialismo e a nova teoria crítica da sociedade passa a estar ao lado dos interesses da classe trabalhadora.

Envolvendo-se desde o seu início nos debates entre as classes sociais, nas disputas e nos antagonismos que ocorriam no interior da sociedade, a sociologia sempre foi algo mais do que mera tentativa de reflexão sobre a moderna sociedade. Suas explicações sempre contiveram intenções práticas, um desejo de interferir no rumo desta civilização, tanto para manter como para alterar os fundamentos da sociedade que a impulsionaram e a tornaram possível.

A FORMAÇÃO

No final do século XIX, o matemático francês Henri Poicaré referiu-se à sociologia como ciência de muitos métodos e poucos resultados. Ao que tudo indica, nos dias de hoje poucas pessoas colocam em dúvida os resultados alcançados pela sociologia. As inúmeras pesquisas realizadas pelos sociólogos, a presença da sociologia nas universidades, nas empresas, nos organismos estatais, atestam a sua realidade. Ao lado desta crescente presença da sociologia no nosso cotidiano, continua, porém, chamando a atenção daqueles que se interessam por ela os frequentes e acirrados debates que são travados em seu interior sobre o seu objeto de estudo e os seus métodos de investigação.

A falta de um entendimento comum por parte dos sociólogos sobre a sua ciência possui, em boa medida, uma relação com a formação de uma sociedade dividida pelos antagonismos de classe. A existência de interesses opostos na sociedade capitalista penetrou e invadiu a formação da sociologia. As alternativas históricas existentes nessa sociedade, seja a de sua conservação ou de sua transformação radical, eram situações reais com que se deparavam os pioneiros da sociologia. Este contexto histórico influenciou enormemente suas visões a respeito de como deveria ser analisada a sociedade, refletindo-se também no conteúdo político de seus trabalhos. Tal situação, evidentemente, continua afetando os trabalhos dos sociólogos contemporâneos.

O caráter antagônico da sociedade capitalista, ao impedir um entendimento comum por parte dos sociólogos em torno ao objeto e aos métodos de investigação desta disciplina, deu margem ao nascimento de diferentes tradições sociológicas ou distintas sociologias, como preferem afirmar alguns sociólogos.

Não podemos perder de vista o fato de que a sociologia surgiu num momento de grande expansão do capitalismo. Alguns sociólogos assumiram uma atitude de otimismo diante da sociedade capitalista nascente, identificando os valores e os interesses da classe dominante como representativos do conjunto da sociedade. A perspectiva que os norteava era a de buscar o pleno funcionamento de suas instituições econômicas e políticas. Os conflitos e as lutas em que se envolviam as classes sociais constituíam para alguns deles fenômenos passageiros, passíveis de serem superados.

Uma das tradições sociológicas, que se comprometeu com a defesa da ordem instalada pelo capitalismo, encontrou no pensamento conservador uma rica fonte de inspiração para formular seus principais conceitos explicativos da realidade.

Os conservadores, que foram chamados de "profetas do passado", construíram suas obras contra a herança dos filósofos iluministas. Não eram intelectuais que justificavam a nova sociedade por suas realizações políticas ou econômicas. Ao contrário, a inspiração do pensamento conservador era a sociedade feudal, com sua estabilidade e acentuada hierarquia social. Não estavam interessados em defender uma sociedade moldada a partir de determinados princípios defendidos pelos filósofos iluministas, nem um capitalismo que mais e mais se transformava, apresentando sua faceta industrial e financeira. O fascínio que as sociedades da Idade Média exercem sobre eles conferiu a esses pensadores e às suas obras um verdadeiro sabor medieval.

O ponto de partida dos conservadores foi o impacto da Revolução Francesa, que julgavam um castigo de Deus à humanidade. Não cansavam de responsabilizar os iluministas e suas ideias como um dos elementos desencadeadores da Revolução de 1789. Consideravam as crenças iluministas aniquiladoras da propriedade, da autoridade, da religião e da própria vida. Os conservadores eram defensores apaixonados das instituições religiosas, monárquicas e aristocráticas que se encontravam em processo de desmoronamento, tendo alguns deles, inclusive, interesses diretos na preservação dessas instituições.

Pensadores como Edmund Burke (1729-1797), Joseph de Maistre (1754-1821), Louis de Bonald (1754-1840) e outros procuraram desmontar todo o ideário dos filósofos do século XVIII, atacando suas concepções do homem, da sociedade e da religião, posicionando-se abertamente contra as crenças iluministas. A sociedade moderna, na visão conservadora, estava em franco declínio. Não viam nenhum progresso numa sociedade cada vez mais alicerçada no urbanismo, na indústria, na tecnologia, na ciência e no igualitarismo. Lastimavam o enfraquecimento da família, da religião, da corporação etc. Na verdade, julgavam eles, a época moderna era dominada pelo caos social, pela desorganização e pela anarquia. Não mediam esforços ao culparem a Revolução Francesa por esta escalada do declínio da história

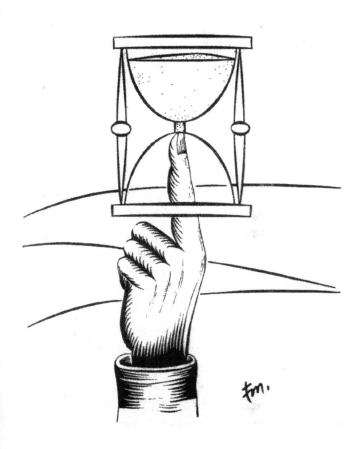

Os profetas do passado.

moderna. A Revolução de 1789 era, na visão dos "profetas do passado", o último elo dos acontecimentos nefastos iniciados com o Renascimento, a Reforma Protestante e a Era da Razão.

Ao fazer a crítica da modernidade inaugurada por acontecimentos como a economia industrial, o urbanismo e a Revolução Francesa, os conservadores estavam tecendo uma nova teoria sobre a sociedade cujas atenções centravam-se no estudo de instituições sociais como a família, a religião, o grupo social, e a contribuição delas para a manutenção da ordem social. Preocupados com a ordem e a estabilidade, com a coesão social, enfatizariam a importância da autoridade, da hierarquia, da tradição e dos valores morais para a conservação da vida social.

As ideias dos conservadores constituíam um ponto de referência para os pioneiros da sociologia, interessados na preservação da nova ordem econômica e política que estava sendo implantada nas sociedades europeias ao final do século passado. Estes, no entanto, modificariam algumas das concepções dos "profetas do passado", adaptando-as às novas circunstâncias históricas. Estavam conscientes de que não seria possível voltar à velha sociedade feudal e restaurar as suas instituições, como desejavam os conservadores. Alguns dos pioneiros da sociologia, preocupados com a defesa da nova ordem social, chegavam mesmo a considerar algumas ideias dos conservadores como reacionárias, mas ficavam decididamente encantados com a devoção que eles dedicavam à manutenção da ordem e admiravam seus estudos sobre esta questão.

É entre os autores positivistas, de modo destacado Saint-Simon, Auguste Comte e Emile Durkheim, que as ideias dos conservadores exerceriam uma grande influência. Alguns deles chegavam a afirmar que a "escola retrógrada", por eles considerada imortal, seria sempre merecedora da admiração e da gratidão dos positivistas. São estes autores que, de modo destacado, iniciarão o trabalho de rever uma série de ideias dos conservadores, procurando dar a elas uma nova roupagem, com o propósito de defender os interesses dominantes da sociedade capitalista.

É comum encontrarmos a inclusão de Saint-Simon (1760-1825) entre os primeiros pensadores socialistas. O próprio Engels rendeu-lhe homenagem reputando algumas de suas descobertas geniais, vendo nelas o germe de futuras ideias socialistas. Mas, por outro lado, ele também é saudado como um dos fundadores do positivismo. Durkheim costumava afirmar que o considerava o iniciador do positivismo e o verdadeiro pai da sociologia, em vez de Comte, que geralmente tem merecido esse destaque. Dono de uma cabeça fértil em ideias e de um espírito irrequieto, Saint-Simon sofreu a influência de ideias iluministas e revolucionárias, mas também foi seduzido pelo pensamento conservador. Teve como um de seus mestres, ou melhor, como preceptor, o famoso filósofo iluminista D'Alambert, sendo sensível também às formulações de Bonald, um notório conservador. Vamos aqui, rapidamente, destacar mais o seu lado positivista, portanto a sua dimensão conservadora.

Saint-Simon tem sido geralmente considerado o "mais eloquente dos profetas da burguesia", um grande entusiasta da sociedade industrial. A sociedade francesa pós-revolucionária, no entanto, parecia-lhe "perturbada", pois nela reinava, segundo ele, um clima de "desordem" e de "anarquia". Uma vez que todas as relações sociais tinham se tornado instáveis, o problema a ser enfrentado, em sua opinião, era o da restauração da ordem.

Ele percebia novas forças atuantes na sociedade, capazes de propiciar uma nova coesão social. Em sua visão, a nova época era a do industrialismo, que trazia consigo a possibilidade de satisfazer todas as necessidades humanas e constituía a única fonte de riqueza e prosperidade. Acreditava também que o progresso econômico acabaria com os conflitos sociais e traria segurança para os homens. A função do pensamento social neste contexto deveria ser a de orientar a indústria e a produção.

A união dos industriais com os homens de ciência, formando a elite da sociedade e conduzindo seus rumos era a força capaz de trazer ordem e harmonia à emergente sociedade industrial. A ciência, para ele, poderia desempenhar a mesma função de conservação social que a religião tivera no período feudal. Os cientistas, ao estabelecerem verdades que seriam aceitas por todos os homens, ocupariam o papel que possuía o clero na sociedade feudal, ao passo que os fabricantes, os comerciantes e os banqueiros substituiriam os senhores feudais. Essa nova elite estabeleceria os objetivos da sociedade, ocupando, para tanto, uma posição de mando frente aos trabalhadores.

O avanço que estava ocorrendo no conhecimento científico foi percebido por ele, que notou, no entanto, uma grande lacuna nesta área do saber. Tratava-se, exatamente, da inexistência da ciência da sociedade. Ela era vital, em sua opinião, para o estabelecimento da nova ordem social. Esta deveria, em suas investigações, utilizar os mesmos métodos das ciências naturais. A nova ciência deveria descobrir as leis do progresso e do desenvolvimento social.

Mesmo tendo uma visão otimista da sociedade industrial, ele admitia a existência de conflitos entre os possuidores e os não possuidores. No entanto, acreditava que os primeiros tinham a possibilidade de atenuar este conflito apelando a medidas repressivas ou elaborando novas normas que orientassem a conduta dos indivíduos. Admitia que a segunda escolha era mais eficiente e racional. Caberia, portanto, à ciência da sociedade descobrir essas novas normas que pudessem guiar a conduta da classe trabalhadora, refreando seus possíveis ímpetos revolucionários. Jamais ocultou sua crença de que as melhorias das condições de vida dos trabalhadores deveriam ser iniciativa da elite formada pelos industriais e cientistas.

Várias das ideias de Saint-Simon seriam retomadas por Auguste Comte (1798-1857), pensador menos original, embora mais sistemático que Saint-Simon. Durante certo período, Comte foi seu secretário particular, até que se desentenderam intelectualmente. Vários historiadores do pensamento social têm observado que Comte, em boa medida, deve suas principais ideias a Saint-Simon. Ao contrário desse pensador, que possuía uma faceta progressista, posteriormente incorporada ao pensamento socialista, Comte é um pensador inteiramente conservador, um defensor sem ambiguidades da nova sociedade.

A motivação da obra de Comte repousa no estado de "anarquia" e de "desordem" de sua época histórica. Segundo ele, as sociedades europeias se encontravam em um profundo estado de caos social. Em sua visão, as ideias religiosas haviam há muito perdido sua força na conduta dos homens e não seria a partir delas que se daria a reorganização da nova sociedade. Muito menos das ideias dos iluministas.

Comte era extremamente impiedoso no seu ataque a esses pensadores, a quem chamava de "doutores em guilhotina", vendo em suas ideias o "veneno da desintegração social". Para ele, a propagação das ideias iluministas em plena sociedade industrial somente poderia levar à desunião entre os homens. Para haver coesão e equilíbrio na sociedade seria necessário restabelecer a ordem nas ideias e nos conhecimentos, criando um conjunto de crenças comuns a todos os homens.

Convicto de que a reorganização da sociedade exigiria a elaboração de uma nova maneira de conhecer a realidade, Comte procurou estabelecer os princípios que deveriam nortear os conhecimentos humanos. Seu ponto de partida era a ciência e o avanço que ela vinha obtendo em todos os campos de investigação. A filosofia, para ele, deixava de ser uma atividade independente, com propósitos e finalidades específicas, para ser reduzida a uma mera disciplina auxiliar da ciência, tendo por função refletir sobre os métodos e os resultados alcançados por ela.

A verdadeira filosofia, no seu entender, deveria proceder diante da realidade de forma "positiva". A escolha desta última palavra tinha a intenção de diferenciar a filosofia por ele criada da filosofia do século XVIII, que era *negativa,* ou seja, contestava as instituições sociais que ameaçavam a liberdade dos homens. A sua filosofia positiva era, nesse sentido, uma clara reação às tendências dos iluministas. O espírito positivo, em oposição à filosofia iluminista, que em sua visão apenas criticava, não possuía caráter destrutivo, mas estava exatamente preocupado em *organizar* a realidade.

Em seus trabalhos, sociologia e positivismo aparecem intimamente ligados, uma vez que a criação desta ciência marcaria o triunfo final do positivismo no pensamento humano. O advento da sociologia representava para Comte o coroamento da evolução do conhecimento científico, já constituído em várias áreas do saber. A matemática, a astronomia, a física, a química e a biologia eram ciências que já se encontravam formadas, faltando, no entanto, fundar uma "física social", ou seja, a sociologia. Ela deveria utilizar em suas investigações os mesmos procedimentos das ciências naturais, tais como a observação, a experimentação, a comparação etc.

O positivismo procurou oferecer uma orientação geral para a formação da sociologia ao estabelecer que ela deveria basicamente proceder em suas pesquisas com o mesmo estado de espírito que dirige a astronomia ou a física rumo a suas descobertas. A sociologia deveria, tal como as demais ciências, dedicar-se à busca dos acontecimentos constantes e repetitivos da natureza.

Comte considerava um dos pontos altos de sua sociologia a reconciliação entre a "ordem" e o "progresso", pregando a necessidade mútua destes dois elementos para a nova sociedade. Para ele, o equívoco dos conservadores ao desejarem a restauração do velho regime feudal era postular a ordem em detrimento do progresso. Inversamente, argumentava, os revolucionários preocupavam-se tão somente com o "progresso", menosprezando a necessidade de ordem na sociedade. A sociologia positivista considerava que a ordem existente era, sem dúvida alguma, o ponto de partida para a construção da nova sociedade. Admitia Comte que algumas reformas poderiam ser introduzidas na sociedade — mudanças que seriam comandadas pelos cientistas e industriais —, de tal modo que o progresso constituiria uma consequência suave e gradual da ordem.

Também para Durkheim (1858-1917) a questão da ordem social seria uma preocupação constante. De forma sistemática, ocupou-se também em estabelecer o objeto de estudo da sociologia, assim como indicar o seu método de investigação. É por meio dele que a sociologia penetrou a Universidade, conferindo a essa disciplina o reconhecimento acadêmico.

Sua obra foi elaborada num período de constantes crises econômicas, que causavam desemprego e miséria entre os trabalhadores, ocasionando o aguçamento das lutas de classes, com os operários passando a utilizar a greve como instrumento de luta e fundando os seus sindicatos. Não obstante essa situação de conflito, o início do século XX também é marcado por grandes progressos no campo tecnológico, como a utilização do petróleo e da eletricidade como fontes de energia, o que criava um certo clima de euforia e de esperança em torno do progresso econômico.

Vivendo numa época em que as teorias socialistas ganhavam terreno, Durkheim não podia desconhecê-las, tanto que as suas ideias, em certo sentido, constituíam a tentativa de fornecer uma resposta às formulações socialistas. Discordava das teorias socialistas, principalmente quanto à ênfase que elas atribuíam aos fatos econômicos para diagnosticar a crise das sociedades europeias. Durkheim acreditava que a raiz dos problemas de seu tempo não era de natureza econômica, mas sim certa fragilidade da moral da época em orientar adequadamente o comportamento dos indivíduos. Com isso, procurava destacar que os programas de mudança esboçados pelos socialistas, que implicavam modificações na propriedade e na redistribuição da riqueza, ou seja, medidas acentuadamente econômicas, não contribuíam para solucionar os problemas da época.

Para ele, seria de fundamental importância encontrar novas ideias morais capazes de guiar a conduta dos indivíduos. Considerava que a ciência poderia, por meio de suas investigações, encontrar soluções nesse sentido. Compartilhava com Saint-Simon a crença de que os valores morais constituíam um dos elementos eficazes para neutralizar as crises econômicas e políticas de sua época histórica. Acreditava também que era a partir deles que se poderia criar relações estáveis e duradouras entre os homens.

Possuía uma visão otimista da nascente sociedade industrial. Considerava que a crescente divisão do trabalho que estava ocorrendo a todo vapor na sociedade europeia acarretava, em vez de conflitos sociais, um sensível aumento da solidariedade entre os homens. De acordo com ele, cada membro da sociedade, tendo uma atividade profissional mais especializada, passava a depender cada vez mais do outro. Julgava, assim, que o efeito mais importante da divisão de trabalho não era o seu aspecto econômico, ou seja, o aumento da produtividade, mas sim o fato de que ela tornava possível a união e a solidariedade entre os homens.

Segundo Durkheim, a divisão do trabalho deveria em geral provocar uma relação de cooperação e de solidariedade entre os homens. No entanto, como as transformações socioeconômicas ocorriam velozmente nas sociedades europeias, inexistia ainda, de acordo com ele, um novo e eficiente conjunto de ideias morais que pudesse guiar o comportamento dos indivíduos. Tal fato dificultava o "bom funcionamento" da sociedade. Essa situação fazia com que a sociedade industrial mergulhasse em um estado de *anomia*, ou seja, experimentasse uma ausência de regras claramente estabelecidas. Para Durkheim, a anomia era uma demonstração contundente de que a sociedade encontrava-se socialmente doente. As frequentes ondas de suicídio na nascente sociedade industrial foram analisadas por ele como um bom indício de que a sociedade encontrava-se incapaz de exercer controle sobre o comportamento de seus membros.

Preocupado em estabelecer um objeto de estudo e um método para a sociologia, Durkheim dedicou-se a essa questão, salientando que nenhuma ciência poderia se constituir sem uma área própria de investigação. A sociologia deveria tornar-se uma disciplina independente, pois existia um conjunto de fenômenos na realidade que se distinguia daqueles estudados por outras ciências, não se confundindo seu objeto, por exemplo, com a biologia ou a psicologia. A sociologia deveria se ocupar, de acordo com ele, com os fatos sociais que se apresentavam aos indivíduos como exteriores e coercitivos. O que ele desejava salientar com isso é que um indivíduo, ao nascer, já encontra pronta e constituída a sociedade. Assim, o direito, os costumes, as crenças religiosas, o sistema financeiro foram criados não por ele, mas pelas gerações passadas, sendo transmitidos às novas por meio do processo de educação.

As nossas maneiras de comportar, de sentir as coisas, de curtir a vida, além de serem criadas e estabelecidas "pelos outros", ou seja, por meio das gerações passadas, possuem a qualidade de serem coercitivas. Com isso, Durkheim desejava assinalar o caráter impositivo dos fatos sociais, pois, segundo ele, comportamo-nos de acordo com o figurino das regras socialmente aprovadas.

Ao enfatizar ao longo de sua obra o caráter exterior e coercitivo dos fatos sociais, Durkheim menosprezou a criatividade dos homens no processo histórico. Estes surgem sempre, em sua sociologia, como seres passivos, jamais como sujeitos capazes de negar e transformar a realidade histórica.

O positivismo durkheimiano acreditava que a sociedade poderia ser analisada da mesma forma que os fenômenos da natureza. A partir dessa suposição, recomendava que o sociólogo utilizasse em seus estudos os mesmos procedimentos das ciências naturais. Costumava afirmar que, durante as suas investigações, o sociólogo precisava se encontrar em um estado de espírito semelhante ao dos físicos ou químicos.

Disposto a restabelecer a "saúde" da sociedade, insistia que seria necessário criar novos hábitos e comportamentos no homem moderno, visando ao "bom funcionamento" da sociedade. Era de fundamental importância, nesse sentido, incentivar a moderação dos interesses econômicos, enfatizar a noção de disciplina e de dever, assim como difundir o culto à sociedade, às suas leis e à hierarquia existente.

A função da sociologia, nessa perspectiva, seria a de detectar e buscar soluções para os "problemas sociais", restaurando a "normalidade social" e se convertendo dessa forma numa técnica de controle social e de manutenção do poder vigente.

O seu pensamento marcou decisivamente a sociologia contemporânea, principalmente as tendências que se têm preocupado com a questão da manutenção da ordem social. Sua influência no meio acadêmico francês foi quase imediata, formando vários discípulos que continuaram a desenvolver as suas preocupações. A sua influência fora do meio acadêmico francês começou um pouco mais tarde, por volta de 1930, quando, na Inglaterra, dois antropólogos, Malinowski e Radcliffe-Brown, armaram a partir de seus trabalhos os alicerces do método de investigação funcionalista (busca de explicação das instituições sociais e culturais em termos da contribuição que estas fornecem para a manutenção da estrutura social). Nos Estados Unidos, a partir daquela data, as suas ideias começaram a ganhar terreno no meio universitário, exercendo grande fascínio em inúmeros pesquisadores. No entanto, foram dois sociólogos americanos, Mertom e Parsons, em boa medida os responsáveis pelo desenvolvimento do funcionalismo moderno e pela integração da contribuição de Durkheim ao pensamento sociológico contemporâneo, destacando a sua contribuição ao progresso teórico dessa disciplina.

* * *

Se a preocupação básica do positivismo foi com a manutenção e a preservação da ordem capitalista, é o pensamento socialista que procurará realizar uma crítica radical a esse tipo histórico de sociedade, colocando em evidência os seus antagonismos e contradições. É a partir de sua perspectiva teórica que a sociedade capitalista passa a ser analisada como um acontecimento transitório. O aparecimento de uma classe revolucionária na sociedade — o proletariado — cria as condições para o surgimento de uma nova teoria crítica da sociedade, que assume como tarefa teórica a explicação crítica da sociedade e como objetivo final a sua superação.

A formação e o desenvolvimento do conhecimento sociológico crítico e negador da sociedade capitalista sem dúvida liga-se à tradição do pensamento socialista, que encontra em Marx (1818-1883) e Engels (1820-1903) a sua elaboração mais expressiva. Esses pensadores não estavam preocupados em fundar a sociologia como disciplina específica.

A rigor, não encontramos neles a intenção de estabelecer fronteiras rígidas entre os diferentes campos do saber, tão ao gosto dos "especialistas" de nossos dias. Em suas obras, disciplinas que hoje chamamos de antropologia, ciência política, economia, sociologia, estão profundamente interligadas, procurando oferecer uma explicação da sociedade como um todo, colocando em evidência as suas dimensões globais. *Grosso modo*, seus trabalhos não foram elaborados nos bancos das universidades, mas com bastante frequência no calor das lutas políticas.

A formação teórica do socialismo marxista constitui uma complexa operação intelectual, na qual são assimiladas de maneira crítica as três principais correntes do pensamento europeu do século passado, ou seja, o socialismo, a dialética e a economia política.

A persistência na nascente sociedade industrial de relações de exploração entre as classes sociais, gerando uma situação de miséria e de opressão, desencadeou levantes revolucionários por parte das classes exploradas. Paralelamente aos sucessivos movimentos revolucionários que iam surgindo nos primórdios do século XIX na Europa Ocidental, aparecia também uma nova maneira de conceber a sociedade, que reivindicava a igualdade entre todos os cidadãos, não só do ponto de vista político, mas também quanto às condições sociais de vida. A questão que vários

Marx e Engels.

pensadores colocavam já não dizia respeito à atenuação dos privilégios de algumas classes em relação a outras, mas à própria eliminação dessas diferenças.

O socialismo pré-marxista, também denominado "socialismo utópico" constituía, portanto, uma clara reação à nova realidade implantada pelo capitalismo, principalmente quanto às suas relações de exploração. Marx e Engels, ao tomarem contato com a literatura socialista da época, assinalaram as brilhantes ideias de seus antecessores. No entanto, não deixaram de elaborar algumas críticas a este socialismo, a fim de dar-lhe maior consistência teórica e efetividade prática.

Geralmente, quando faziam o balanço crítico do socialismo anterior às suas formulações, concentravam suas atenções em Saint-Simon, Owen e Fourier. Salientando sempre que possível as ideias geniais desses pensadores, procuravam, no entanto, apontar as suas limitações. Assinalavam que as lacunas existentes neste tipo de socialismo possuíam uma relação com o estágio de desenvolvimento do capitalismo da época, uma vez que as contradições entre burguesia e proletariado não se encontravam ainda plenamente amadurecidas.

Para eles, os socialistas utópicos elaboraram uma crítica à sociedade burguesa, mas deixaram de apresentar os meios capazes de promover transformações radicais nesta sociedade. Isso se devia, na avaliação de Marx e Engels, ao caráter profundamente apolítico desse socialismo. Os "utópicos" atuavam como representantes dos interesses da humanidade, não reconhecendo em nenhuma classe social o instrumento para a concretização de suas ideias. Acreditavam eles que, se o socialismo pretendesse ser mais do que mero desabafo crítico ou sonho utópico, seria necessário empreender uma análise histórica da sociedade capitalista, colocando às claras suas leis de funcionamento e de transformação e destacando ao mesmo tempo os agentes históricos capazes de transformá-la.

A filosofia alemã da época de Marx encontrara em Hegel uma de suas mais expressivas figuras. Como se sabe, a dialética ocupava posição de destaque em seu sistema filosófico (para maiores informações sobre este tema, ver, nesta coleção, *O que é dialética*). Ao tomarem contato com a dialética hegeliana, eles ressaltaram o seu caráter revolucionário, uma vez que o método de análise de Hegel sugeria que tudo o que existia, devido às suas contradições, tendia a extinguir-se. A crítica que eles faziam à dialética hegeliana se dirigia ao seu caráter idealista. O idealismo de Hegel postulava que o pensamento ou o espírito criavam a realidade. Para ele, as ideias possuíam independência diante dos objetos da realidade, acreditando que os fenômenos existentes eram projeções do pensamento.

Ao constatar o caráter idealista da dialética hegeliana, procuraram "corrigi-la", recorrendo para tanto ao materialismo filosófico de seu tempo. Mas para eles o materialismo então existente também apresentava falhas, pois era essencialmente mecanicista, isto é, concebia os fenômenos da realidade como permanentes e invariáveis. Segundo eles, esse materialismo estava em descompasso com o progresso das ciências naturais, que já haviam colocado em relevo o funcionamento dinâmico dos fenômenos investigados, desqualificando uma interpretação que analisasse a natureza como coisa invariável e eterna. Paralelamente ao avanço das pesquisas sobre o caráter dinâmico da natureza, os frequentes conflitos de classes que ocorriam nos países capitalistas mais avançados da época levavam Marx e Engels a destacar que as sociedades humanas também se encontravam em contínua transformação, e que o motor da história eram os conflitos e as oposições entre as classes sociais.

A aplicação do materialismo dialético aos fenômenos sociais teve o mérito de fundar uma teoria científica de inegável alcance explicativo: o materialismo histórico. Eles haviam chegado à conclusão de que seria necessário situar o estudo da sociedade a partir de sua base material. Tal constatação implicava que a investigação de qualquer fenômeno social deveria partir da estrutura econômica da sociedade, que a cada época constituía a verdadeira base da história humana.

A partir do momento em que constataram serem os fatos econômicos a base sobre a qual se apoiavam os outros níveis da realidade, como a religião, a arte e a política, e que a análise da base econômica da sociedade deveria ser orientada pela economia política, é que ocorre o encontro deles com os economistas da Escola Clássica, como Adam Smith e Ricardo.

Uma das principais críticas que dirigiam aos economistas clássicos dizia respeito ao fato destes suporem que a produção dos bens materiais da sociedade era obra de homens isolados, que perseguiam egoisticamente seus interesses particulares. De fato, assinalavam Marx e Engels, na sociedade capitalista o interesse econômico individual fora tomado como um verdadeiro objetivo social, sendo voz corrente nessa sociedade que a melhor maneira de garantir a felicidade de todos seria os indivíduos se entregarem à realização de seus negócios particulares. No entanto, admitir que a produção da sociedade fosse realizada por indivíduos isolados uns dos outros, como imaginava a escola clássica, não passava, segundo eles, de uma grande ficção.

Argumentando contra essa concepção extremamente individualista, procuravam assinalar que o homem era um animal essencialmente social. A observação histórica da vida social demonstrava que os homens se achavam inseridos em agrupamentos que, dependendo do período histórico, poderiam ser a tribo, diferentes formas de comunidades ou a família.

A teoria social que surgiu da inspiração marxista não se limitou a ligar política, filosofia e economia. Ela deu um passo a mais, ao estabelecer uma ligação entre teoria e prática, ciência e interesse de classe. O problema da verdade não era para eles uma simples questão teórica, distante da realidade, uma vez que é no terreno da prática que se deve demonstrar a verdade da teoria. O conhecimento da realidade social deve se converter em um instrumento político, capaz de orientar os grupos e as classes sociais para a transformação da sociedade.

A função da sociologia, nessa perspectiva, não era a de solucionar os "problemas sociais", com o propósito de restabelecer o "bom funcionamento da sociedade", como pensavam os positivistas. Longe disso, ela deveria contribuir para a realização de mudanças radicais na sociedade. Sem dúvida, foi o socialismo, principalmente o marxista, que despertou a vocação crítica da sociologia, unindo explicação e alteração da sociedade, e ligando-a aos movimentos de transformação da ordem existente.

Ao contrário do positivismo, que procurou elaborar uma ciência social supostamente "neutra" e "imparcial", Marx e vários de seus seguidores deixaram claro a íntima relação entre o conhecimento por eles produzido e os interesses da classe revolucionária existente na sociedade capitalista — o proletariado. Observava Marx, a esse respeito, que, assim como os economistas clássicos eram os porta-vozes dos interesses da burguesia, os socialistas e os comunistas constituíam, por sua vez, os representantes da classe operária.

Vimos anteriormente que a sociologia positivista preocupou-se com os problemas da manutenção da ordem existente, concentrando basicamente sua atenção na estabilidade social. Como consequência desse enfoque, as situações de conflito existentes na nascente sociedade industrial foram em larga medida omitidas por essa vertente sociológica. Comprometido com a transformação revolucionária da sociedade, o pensamento marxista procurou tomar as contradições do capitalismo como um de seus focos centrais. Para Marx, assim como para a maioria dos marxistas, a luta de classes, e não a "harmonia" social, constituía a realidade concreta da sociedade capitalista. Ao contrário da sociologia positivista, que via na crescente divisão do trabalho na sociedade moderna uma fonte de solidariedade entre os homens, Marx a apontava como uma das formas pelas quais se realizavam as relações de exploração, antagonismo e alienação.

As contradições que brotavam no capitalismo e que o caracterizavam, derivavam grosso modo do antagonismo entre o proletariado e a burguesia. Os trabalhadores encontravam-se completamente expropriados dos instrumentos de trabalho, confiscados pelos capitalistas. Estavam submetidos a uma dominação econômica, uma vez que se encontravam excluídos da posse dos meios de trabalho. A dominação estendia-se ao campo político, na medida em que a burguesia utilizava o Estado e seus aparelhos repressivos, como a polícia e o exército, para impor os seus interesses ao conjunto da sociedade. A dominação burguesa estendia-se também ao plano cultural, pois, ao dominar os meios de comunicação, difundia seus valores e concepções às classes dominadas.

Contrariamente à sociologia positivista, que concebia a sociedade como um fenômeno "mais importante" que os indivíduos que a integram, submetendo-o e dominando-o, a sociedade, nessa perspectiva, era concebida como obra e atividade do próprio homem. São os indivíduos que, vivendo e trabalhando, a modificam. Mas, acrescentavam eles, os indivíduos não a modificam ao seu belprazer, mas a partir de certas condições históricas existentes.

A sociologia encontrou na teoria social elaborada por Marx e Engels um rico legado de temas para posteriores pesquisas. Forneceram uma importante contribuição para a análise da ideologia, para a compreensão das relações entre as classes sociais, para o entendimento da natureza e das funções do Estado, para a questão da alienação etc. De considerável valor, deve ser destacado o legado que deixaram às ciências sociais: a aplicação do materialismo dialético ao estudo dos fenômenos sociais. A sociologia encontrou também, nessa vertente de pensamento, inspiração para se tornar um empreendimento crítico e militante, desmistificador da civilização burguesa, e um compromisso com a construção de uma ordem social na qual fossem eliminadas as relações de exploração entre as classes sociais.

* * *

A intenção de conferir à sociologia uma reputação científica encontra na figura de Max Weber (1864-1920) um marco de referência. Durante toda a sua vida, insistiu em estabelecer uma clara distinção entre o conhecimento científico, fruto de cuidadosa investigação, e os julgamentos de valor sobre a realidade. Com isso, desejava assinalar que um cientista não tinha o direito de possuir, a partir de sua profissão, preferências políticas e ideológicas. No entanto, julgava ele, sendo todo cientista também um cidadão, poderia ele assumir posições apaixonadas em face dos problemas econômicos e políticos, mas jamais deveria defendê-los a partir de sua atividade profissional.

A busca de uma neutralidade científica levou Weber a estabelecer uma rigorosa fronteira entre o cientista, homem do saber, das análises frias e penetrantes, e o político, homem de ação e de decisão comprometido com as questões práticas da vida. O que a ciência tem a oferecer a esse homem de ação, segundo Weber, é um entendimento claro de sua conduta, das motivações e das consequências de seus atos.

Essa posição de Weber, que tantas discussões tem provocado entre os cientistas sociais, constitui, ao isolar a sociologia dos movimentos revolucionários, um dos momentos decisivos da profissionalização dessa disciplina. A ideia de uma ciência social neutra seria um argumento útil e fascinante para aqueles que viviam e iriam viver *da* sociologia como profissão. Ela abria a possibilidade de conceber a sociologia como um conjunto de técnicas neutras que poderiam ser oferecidas a qualquer comprador público ou privado. Vários estudiosos da formação da sociologia têm assinalado, no entanto, que a neutralidade defendida por Weber foi um recurso utilizado por ele na luta pela liberdade intelectual, uma forma de manter a autonomia da sociologia em face da burocracia e do Estado alemão da época.

A produção da vasta obra de Weber ocorreu num período de grande surto de industrialização e crescimento econômico, levado a cabo por Bismarck e continuado por

Guilherme II. Tratava-se de uma industrialização tardia, comparada com a industrialização da Inglaterra e da França. O capitalismo industrial alemão não nasceu de uma ruptura radical com as forças feudais tradicionais, tal como se verifica na sociedade francesa. O arranque econômico da Alemanha dessa época foi realizado com base em um compromisso entre os interesses dos latifundiários prussianos — os Junkers — e os empresários industriais do oeste alemão. A classe trabalhadora, constituída por mais da metade da população, estava submetida a uma rígida disciplina nas fábricas, a prolongadas jornadas de trabalho, o que a levava a desencadear, de forma organizada, uma luta por seus direitos políticos e sociais.

A debilidade da burguesia alemã da época para controlar o poder político, mesmo dominando a vida econômica, abriu um formidável espaço para a burocracia enfeixar em suas mãos a direção do Estado. Essa burocracia, que geralmente recrutava seus membros na nobreza, passava a impor a toda a sociedade suas opções políticas, exercendo um verdadeiro despotismo burocrático. É nesse contexto de impotência política da burguesia que Weber observou, certa vez, que o que o preocupava não era a ditadura do proletariado, mas sim a "ditadura do funcionário", numa clara alusão ao poder conferido ao funcionário prussiano.

O surto de crescimento econômico que vivia a sociedade alemã dessa época teria repercussões em sua vida acadêmica. A universidade também enriqueceria e o professor pequeno-burguês, atormentado com problemas de subsistência, deu lugar ao docente de classe alta ou média, com tempo para pesquisas e sem fortes pressões para publicá-las. A formação da sociologia desenvolvida por Weber é influenciada enormemente pelo contexto intelectual alemão de sua época. Incorporou em seus trabalhos algumas ideias de Kant, como a de que todo ser humano é dotado de capacidade e vontade para assumir uma posição consciente diante do mundo.Compartilhava com Nietzsche uma visão pessimista e melancólica dos tempos modernos. Com Sombart possuía a preocupação de desvendar as origens do capitalismo. Em Heidelberg, em cuja universidade foi catedrático entre os anos de 1906 e 1910, entrou em contato com Troeltsch, estudioso da religião, que já havia evidenciado a ligação entre a teologia calvinista e a moral capitalista. Durante o período em que permaneceu naquela cidade, travou relações com figuras destacadas no meio acadêmico, como Toennies, Windelband, Simmel, Georg Lukács e vários outros, alguns dos quais frequentavam a sua casa.

Weber receberia também forte influência do pensamento marxista, que a essa época já havia penetrado o mundo político e universitário. Boa parte de suas obras foi realizada para testar o acerto da concepção marxista, principalmente no que dizia respeito à relação entre a economia e as outras esferas da vida social. Suas inúmeras pesquisas indicavam, até certo ponto, em sua visão, o acerto das relações estabelecidas por Marx entre economia, política e cultura. Mas para ele não possuía fundamento admitir o princípio de que a economia dominasse as demais esferas da realidade social. Para ele, só a realização de uma pesquisa detalhada sobre um determinado problema poderia definir que dimensão da realidade condiciona as demais.

A sociologia por ele desenvolvida considerava o indivíduo e a sua ação ponto chave da investigação. Com isso, ele queria salientar que o verdadeiro ponto de partida da sociologia era a compreensão da ação dos indivíduos e não a análise das "instituições sociais" ou do "grupo social", tão enfatizadas pelo pensamento conservador. Com essa posição, não tinha a intenção de negar a existência ou a importância dos fenômenos sociais, como o Estado, a empresa capitalista, a sociedade anônima, mas tão somente a de ressaltar a necessidade de compreender as intenções e motivações dos indivíduos que vivenciam essas situações sociais.

A sua insistência em compreender as motivações das ações humanas levou-o a rejeitar a proposta do positivismo de transferir para a sociologia a metodologia de investigação utilizada pelas ciências naturais. Não havia, para ele, fundamento para essa proposta, uma vez que o sociólogo não trabalha sobre uma matéria inerte, como acontece com os cientistas naturais.

A contrário do positivismo, que dava maior ênfase aos fatos, à realidade empírica, transformando geralmente o pesquisador num mero registrador de informações, a metodologia de Weber atribuía-lhe um papel ativo na elaboração do conhecimento.

A obra de Weber representou uma inegável contribuição à pesquisa sociológica, abrangendo os mais variados temas, como o direito, a economia, a história, a religião, a política, a arte, de modo destacado a música. Seus trabalhos sobre a burocracia tornaram-no um dos grandes analistas desse fenômeno (ver, nesta coleção, *O que é burocracia*). Foi um dos precursores da pesquisa empírica na sociologia, efetuando investigações sobre os trabalhadores rurais alemães. A sua importante reflexão sobre a metodologia a ser utilizada nas ciências sociais foi elaborada a partir de sua intensa atividade de pesquisa.

A análise da religião ocupou lugar central nas preocupações e nos trabalhos de Weber. Ao estudar os fenômenos da vida religiosa, desejava compreender a sua influência sobre a conduta econômica dos indivíduos. Com esse propósito, realizou investigações sobre as grandes religiões da

Índia, da China etc. O seu trabalho *A ética protestante e o espírito do capitalismo*, publicado em 1905, ficaria particularmente famoso nessa área de estudo. Tinha ele a intenção de examinar as implicações das orientações religiosas na conduta econômica dos homens, procurando avaliar a contribuição da ética protestante, especialmente a calvinista, na promoção do moderno sistema econômico. Weber reconhecia que o desenvolvimento do capitalismo devia-se em grande medida à acumulação de capital a partir do final da Idade Média. Mas, para ele, o capitalismo era também obra de ousados empresários que possuíam uma nova mentalidade diante da vida econômica, uma nova forma de conduta orientada por princípios religiosos. Em sua visão, vários pioneiros do capitalismo pertenciam a diversas seitas puritanas e em função disso levavam uma vida pessoal e familiar bastante rígida. Suas convicções religiosas os levavam a considerar o êxito econômico um sintoma de bom indício da benção de Deus. Como esses indivíduos não usufruíam seus lucros, eram avidamente acumulados e reinvestidos em suas atividades.

Esse seu trabalho jamais teve a intenção de afirmar, como interpretaram erroneamente alguns de seus críticos, que a causa explicativa do capitalismo era a ética protestante, ou que os fenômenos culturais explicariam a vida econômica. Sua pesquisa apenas procurou assinalar que *uma* das causas do capitalismo, ao lado de outras, como os fatores políticos e tecnológicos, foi a ética de algumas seitas protestantes.

Vivendo em uma nação retardatária quanto ao desenvolvimento capitalista, Weber procurou conhecer a fundo a essência do capitalismo moderno. Ao contrário de Marx, não considerava o capitalismo um sistema injusto, irracional e anárquico. Para ele, as instituições produzidas pelo capitalismo, como a grande empresa, constituíam clara demonstração de uma organização racional que desenvolvia suas atividades dentro de um padrão de precisão e eficiência. Exaltou em diversas oportunidades a formação histórica das sociedades inglesa e norte-americana, ressaltando a figura do empresário, considerado às vezes um verdadeiro revolucionário. De certa forma, o seu elogio ao caráter antitradicional do capitalismo inglês, especialmente do norte-americano, era a forma utilizada por ele para atacar os aspectos retrógrados da sociedade alemã, principalmente os latifundiários prussianos.

O capitalismo lhe parecia a expressão da modernização e uma eloquente forma de racionalização do homem ocidental. No entanto, não manifestava grande entusiasmo pelas realizações da civilização ocidental. A crescente racionalização da vida no Ocidente, abarcando campos como a música, o direito e a economia, implicava,

Max Weber.

em sua visão, um alto custo para o homem moderno. Essa escalada da razão, a sua utilização abusiva, levava a uma excessiva especialização, a um mundo cada vez mais intelectualizado e artificial, que abandonara para sempre os aspectos mágicos e intuitivos do pensamento e da existência. Suas análises o convenceram da inevitabilidade desse processo de racionalização. Não via nenhum atrativo no movimento socialista, chegando mesmo a considerar que o Estado socialista acentuaria os aspectos negativos da racionalização e burocratização da vida contemporânea. A sua visão sociológica dos tempos modernos desemboca numa apreciação melancólica e pessimista, capitulando de forma resignada diante da realidade social.

A obra de Weber, assim como as de Marx, Durkheim, Comte, Tocqueville, Le Play, Toennies, Spencer etc., constitui um momento decisivo na formação da sociologia, estruturando de certa forma as bases do pensamento sociológico. É no período que vai de 1830 às primeiras décadas do século XX que ocorre a formação dos principais métodos e conceitos de investigação da sociologia.

Em boa medida, os clássicos da sociologia, independentemente de suas filiações ideológicas, procuraram explicar as grandes transformações por que passava a sociedade europeia, principalmente as provocadas pela formação e desenvolvimento do capitalismo. Seus trabalhos forneceram preciosas informações sobre as condições da vida humana, sobre o problema do equilíbrio e da mudança social, sobre os mecanismos de dominação, sobre a burocratização e a alienação da época moderna. Geralmente, esses estudos clássicos, ao examinarem problemas históricos de seu tempo, forneceram uma imagem do conjunto da sociedade da época. Suas análises também estabeleceram, via de regra, uma rica relação entre as situações históricas e os homens que as vivenciavam, propiciando assim uma importante contribuição para a compreensão da vinculação entre a biografia dos homens e os processos históricos.

O DESENVOLVIMENTO

Se o contexto histórico do surgimento e da formação da sociologia coincidiu com um momento de grande expansão do capitalismo, infundindo otimismo em diversos sociólogos em relação à civilização capitalista, os acontecimentos históricos que permearam o seu desenvolvimento tornaram no mínimo problemáticas as esperanças de democratização que vários sociólogos nutriam em relação ao capitalismo. O desenvolvimento desta ciência tem como pano de fundo a existência de uma burguesia que se distanciara de seu projeto de igualdade e fraternidade, e que, crescentemente, se comportava no plano político de forma menos liberal e mais conservadora, utilizando intensamente os seus aparatos repressivos e ideológicos para assegurar a sua dominação.

O aparecimento das grandes empresas, monopolizando produtos e mercados, a eclosão de guerras entre as grandes potências mundiais, a intensificação da organização política do movimento operário e a realização de revoluções socialistas em diversos países eram realidades históricas que abalavam as crenças na perfeição da civilização capitalista. Esses mesmos fatos evidenciavam também o caráter transitório e passageiro da própria sociedade moldada pela burguesia.

A profunda crise em que mergulhou a civilização capitalista em nosso tempo não poderia deixar de provocar sensíveis repercussões no pensamento sociológico contemporâneo. O desmoronamento da civilização capitalista, levado a cabo pelos diversos movimentos revolucionários e pela alternativa socialista fez com que o conhecimento científico fosse submetido aos interesses da ordem estabelecida. As ciências sociais, de modo geral, passaram a ser utilizadas para produzir um conhecimento útil e necessário à dominação vigente. A antropologia foi largamente utilizada para facilitar a administração de populações colonizadas; a ciência econômica e a ciência política forneceram com bastante frequência seus conhecimentos para a elaboração de estratégias de expansão econômica e militar das grandes potências capitalistas.

A sociologia também, em boa medida, passou a ser empregada como técnica de manutenção das relações dominantes. As pesquisas de inúmeros sociólogos foram incorporadas à cultura e à prática das grandes empresas, do Estado moderno, dos partidos políticos, à luta cotidiana pela preservação das estruturas econômicas, políticas e culturais do capitalismo moderno. O sociólogo de nosso tempo passou a desenvolver o seu trabalho, via de regra, em complexas organizações privadas ou estatais que financiam suas atividades e estabelecem os objetivos e as finalidades da produção do conhecimento sociológico. Envolvido nas malhas e nos objetivos que sustentam suas atividades, tornou-se para ele extremamente difícil produzir um conhecimento que possua uma autonomia crítica e uma criatividade intelectual.

Evidentemente, algumas tendências críticas da sociologia, principalmente as que receberam a influência do pensamento socialista, continuaram a orientar os objetivos e as pesquisas de diversos sociólogos. No entanto, esta sociologia de inspiração crítica foi, em grande escala, ignorada no meio acadêmico e marginalizada pelos institutos de pesquisa. Em geral, o apoio e o incentivo institucional em nossa época têm sido dados a sociólogos e a um tipo de sociologia que estão a serviço dos mecanismos de integração social e de reprodução das relações existentes.

Na verdade, a absorção do sociólogo moderno na luta pela manutenção das relações de dominação — o que acarretou a burocratização e a domesticação do seu trabalho — foi um acontecimento relativamente recente, que pode ser datado a partir da Segunda Guerra Mundial. Durante as primeiras décadas do século XX, algumas ciências sociais mais diretamente ligadas aos problemas práticos da sociedade capitalista, como o direito, a economia e a contabilidade, foram mais utilizadas do que outras como instrumentos para encontrar soluções para problemas concretos de funcionamento da ordem estabelecida. Tal fato permitiu que diversos sociólogos desenvolvessem no interior das universidades um conhecimento que não correspondia tão prontamente às exigências práticas de conservação da dominação burguesa.

Diga-se de passagem, que nas três primeiras décadas do século XX, embora a burguesia já mostrasse sem disfarces a sua faceta conservadora e belicista, defrontando-se com um movimento operário organizado, e testemunhasse também um acontecimento como a instalação do poder soviético na Rússia, conseguia, não obstante, controlar até certo ponto as ameaças dos movimentos e dos grupos revolucionários. Além disso, deve-se mencionar que a existência da monopolização das empresas e dos capitais daquelas décadas, embora consideráveis, evidentemente eram menos acentuadas do que são em nossos dias. Dessa forma, a burocratização do trabalho intelectual não era ainda uma realidade viva e concreta que aprisionava e inibia a imaginação dos sociólogos.

Durante aquele período, a sociologia conheceu uma de suas fases mais ricas em termos de pesquisa. Foi o momento em que a pesquisa de campo firmou-se nesta disciplina, propiciando o levantamento de informações originais para a reflexão. Permaneceram, durante esse período, no trabalho de diversos pesquisadores alguns temas de investigação que preocuparam os estudiosos clássicos, como a formação histórica do capitalismo, a questão da divisão do trabalho e dos mecanismos sociais que possibilitam o funcionamento da ordem social.

Na França, o pensamento de Durkheim constituiu considerável fonte de inspiração para a realização de numerosas pesquisas. Seus seguidores realizaram, a partir dos pressupostos do "fundador da escola sociológica francesa", ricas análises sobre diversos aspectos da vida social. Marcel Mauss, por exemplo, efetuaria o seu famoso trabalho, *O ensaio sobre o dom*, procurando demonstrar que nas chamadas sociedades primitivas a troca de produtos significava com frequência mais uma permuta de presentes do que uma mera e simples transação econômica. Dessa forma, a troca primitiva possuía, segundo ele, um significado moral e religioso. Essa preocupação de investigar os aspectos sociais da vida dos chamados povos primitivos mereceria também a atenção de Levy Bruhl, por exemplo, que procurou desvendar o conteúdo da mentalidade desses povos.

Outro de seus discípulos, Maurice Halbwachs, retomou a linha de estudos do suicídio como fato social, procurando revisar e precisar algumas das hipóteses formuladas inicialmente por Durkheim. Realizou também esse pensador um interessante trabalho sobre a importância dos contextos sociais para os indivíduos, focalizando a questão da memória social, e procurando evidenciar que, sem os diversos grupos que compõem a sociedade, como a família e o grupo religioso, o indivíduo não seria capaz de reconstituir o seu passado.

Na Alemanha, foram efetuados no período em foco importantes estudos, principalmente quanto à reconstrução de fatos históricos. Vimos no capítulo anterior a preocupação e o interesse de Max Weber pela investigação da origem e da natureza do capitalismo moderno. Os trabalhos de Sombart foram realizados também com o propósito de elaborar uma exposição sistemática do capitalismo moderno. Deve-se mencionar também os trabalhos de historiadores do vulto de um Marc Bloch e de um Henri Pirenne.

Datam também dessa época os esforços de Max Scheller e de Karl Mannheim para desenvolver o que chamavam de uma "sociologia do saber". O trabalho de Mannheim,

Ideologia e utopia, publicado em 1929, constituiu uma exposição sistemática das origens sociais do conhecimento, procurando estabelecer algumas relações entre as diferentes ideologias e os contextos sócio-históricos em que elas foram elaboradas. A obra de Mannheim, além de fornecer preciosas correlações entre os modos de pensamento e as suas origens sociais, procurou transformar sociologia numa técnica de controle social. Ele considerava que vários problemas políticos e econômicos do seu tempo poderiam ser enfrentados a partir do "planejamento social". A sociologia, em sua visão, poderia oferecer um conhecimento que possibilitasse uma intervenção racional nos problemas da sua época.

Durante esse período, vários estudiosos buscaram formular e classificar os diferentes tipos de relações sociais que ocorrem em todas as sociedades, independentemente do tempo e lugar. Os estudos de Pareto sobre a ação humana, de Von Wiese sobre os processos básicos da vida social, os trabalhos de Roos sobre os mecanismos e as variedades do controle social constituem exemplos ilustrativos dessa tradição de pesquisa. Esses trabalhos proporcionaram a elaboração de vários conceitos fundamentais da sociologia.

As investigações de campo, fartamente realizadas nos Estados Unidos depois da Primeira Guerra Mundial, desenvolvidas principalmente pela Universidade de Chicago, possibilitaram um grande avanço no levantamento de dados empíricos. Não seria exagero afirmar que até a década de 1930 a história da sociologia americana se confunde com as atividades de pesquisas realizadas pelo Departamento de Sociologia daquela universidade. Chicago transformara-se, por volta dessa época, em grande metrópole industrial que atraía uma massa enorme de imigrantes vindos de outros países. Os sociólogos de Chicago concentraram-se avidamente no estudo dos novos estilos de vida que surgiram na corrida de uma urbanização extremamente veloz, provocando, segundo a linguagem de alguns desses sociólogos, vários "problemas socias" e uma situação de "desorganização urbana".

Um trabalho que ficaria particularmente famoso na sociologia, *The Polish Peasant in Europe and America*, foi elaborado por um dos personagens significativos da "Escola de Chicago", William Thomas, em coautoria com Znaniecki, um polonês que ajudara a organizar os pesados cinco volumes dessa obra. Empregando novos métodos de pequisa, entre os quais a coleta de biografias e outros documentos pessoais, como a correspondência de seus personagens de investigação, eles procuraram captar as transformações na maneira de perceber o mundo e nos estilos de vida de humildes camponeses que deixavam suas localidades e rumavam para uma cidade moderna em um novo continente. Documentaram de forma exaustiva, nesse trabalho, todo o impacto da urbanização sobre os homens, concentrando-se também na análise da mudança das formas tradicionais de controle social para outras; típicas do meio urbano.

Juntamente com Thomas, a figura de Robert Park constitui outra personagem fundamental no desenvolvimento da pesquisa de campo na sociologia. Foram esses dois pesquisadores os responsáveis pela formação de uma atuante geração de sociólogos, entre os quais estão Louis Wirth, Herbert Blumer, Everett Hughes e vários outros. Park prosseguiu até o início da década de 1930 em suas atividades de professor naquele Departamento. Em 1915, publicou na revista *American Journal of Sociology* um artigo intitulado *A cidade: sugestões para a investigação do comportamento humano num ambiente urbano*, que constituiria um verdadeiro roteiro para os estudos urbanos que seriam realizados por diversos alunos seus, contando também com a participação de pesquisadores de outros departamentos daquela Universidade, economistas, antropólogos, historiadores etc. Contando com um sólido apoio institucional, levantaram dados sobre a vida de cortiços, quadrilhas urbanas, *dancings*, prostitutas, músicos de *jazz* etc.

Embora tenha sido um período de indubitável progresso para a afirmação e sistematização da sociologia como ciência, fruto dos inúmeros estudos realizados nas três primeiras décadas do século XX, de um modo geral eles possuíam algumas limitações. As pesquisas realizadas segundo a orientação durkheimiana, sem dúvida ricas em material empírico e teoricamente sugestivas, relegaram decididamente a segundo plano as classes sociais como elemento explicativo dos fenômenos sociais. Na Alemanha, as tentativas de "completar", de "refinar" o método dialético, de "libertá-lo" de sua concepção "normativa" e "dogmática", visavam claramente a minimizar e neutralizar a sua influência no meio acadêmico. Mannheim costumava afirmar que a disputa que a sociologia alemã travou com o marxismo impulsionou-a, possibilitando um avanço no conhecimento sobre a sociedade. Sem dúvida, vários estudos elaborados no calor da polêmica com o marxismo, ao lado de algumas contribuições teóricas e empíricas, passaram a minimizar o papel dos fatos econômicos na interpretação da vida social.

Os estudos preocupados com a classificação dos diferentes tipos de relações sociais existentes em todas as sociedades de certa forma desvincularam as relações humanas de sua realidade histórica viva e concreta, produzindo geralmente uma interminável e árida parafernália de conceitos, às vezes arbitrários e artificiais. O florescimento dos estudos empíricos, ao lado de alguns méritos, nem sempre apresentou uma clara ligação com a reflexão teórica, redundando às vezes num empirismo pouco revelador em termos explicativos. Alguns desses estudos também deixaram de vincular o problema investigado com o conjunto da vida social. Além disso, algumas dessas investigações também possuíam sérias implicações ideológicas, pois preocupadas com a "desorganização social", aceitavam, conscientemente ou não, a realidade social tal como ela se apresentava.

As grandes transformações por que passavam as sociedades europeias nas três primeiras décadas do nosso século foram também objeto de estudos por parte de teóricos que mantinham claras ou tênues ligações com o pensamento socialista. Datam desse período as análises de Lênin e Rosa Luxemburgo sobre a questão do imperialismo. Alguns desses trabalhos tentavam desenvolver a análise do capitalismo, orientando-se pelo pensamento de Marx, buscando compreender as mudanças que ocorriam neste sistema, principalmente a contínua expansão provocada pelo fenômeno do imperialismo. Coerentes com a unidade postulada pelo marxismo entre teoria e prática, algumas investigações sobre esse tema procuravam não apenas compreender teoricamente as raízes da política imperialista, mas buscavam também extrair uma orientação para a luta prática contra o imperialismo. Essas importantes contribuições geralmente foram negligenciadas pela sociologia que se desenvolvia freneticamente nos meios universitários. A verdade é que esses trabalhos, *grosso modo*, não eram considerados "sociológicos" no meio acadêmico, uma vez que o pensamento socialista, principalmente o marxista, não estava representado nos departamentos das universidades e, além do mais, era geralmente considerado nesse meio uma doutrina "econômica".

O desenvolvimento da sociologia na segunda metade do século XX foi profundamente afetado pela eclosão das duas guerras mundiais. Tal fato não poderia deixar de quebrar a continuidade dos trabalhos que vinham sendo efetuados, interrompendo drasticamente o intercâmbio de conhecimentos entre as nações. A implantação de regimes totalitários em alguns países europeus, com a sua inevitável intolerância para com a liberdade de investigação, levou à perseguição de intelectuais e cientistas que procuraram manter uma posição de crítica e de independência em face desses regimes. A emigração de um número considerável de pesquisadores significativos para a Inglaterra e os Estados Unidos representou um rude golpe na consolidação da sociologia em alguns países europeus, que, em passado recente, haviam fornecido importantes contribuições para a afirmação da sociologia como ciência.

O amadurecimento das forças econômicas e militares por parte dos Estados Unidos, assim como a destruição infligida aos seus rivais na guerra, possibilitaram a sua emergência como grande potência do mundo capitalista. Os centros de pesquisa norte-americanos passaram, em função disso, a dispor de um grande apoio institucional e financeiro para levar adiante as suas investigações e assumir a dianteira nos estudos sociológicos. A partir de então, a sociologia desenvolveu-se vertiginosamente na sociedade norte-americana, vinculada ao meio universitário, caracterizando-se, em boa medida, por um acentuado reformismo, investigando temas relacionados com a "desorganização social", centrando a sua atenção em questões urbanas, na integração de minorias étnicas e religiosas etc. Em larga medida, o seu desenvolvimento seria estimulado e sustentado pelo "estado-de-bem-estar-social", que passou a utilizar os conhecimentos sociológicos para implementar a sua política de conservação da ordem existente.

A sociologia, a partir dos anos 1950, seria arrastada e envolvida na luta pela contenção da expansão do socialismo, pela neutralização dos movimentos de libertação das nações subjugadas pelas potências imperialistas e pela manutenção da dependência econômica e financeira desses países em face dos centros metropolitanos.

Antes dessa época, porém, por ocasião da Grande Depressão, a sociologia americana procurou fundamentar teoricamente uma posição antimarxista que lhe permitiria posteriormente sentir-se mais segura e mais à vontade para executar suas funções conservadoras no plano político, econômico e cultural. Um grupo de professores e pesquisadores de Harvard, no início dos anos 1930, procurou entrar em contato com a sociologia acadêmica europeia, pois considerava que vários pensadores europeus haviam formulado uma convincente defesa contra o marxismo, fenômeno que os sociólogos europeus conheciam de perto. Vários sociólogos que pouco tempo depois viriam ocupar posições de destaque na produção do conhecimento sociológico na sociedade americana, como Parsons, Robert Merton, George Homans, Clyde Kluckhohn, passaram a estudar a obra de Pareto com o objetivo de enfrentar teoricamente o marxismo, que na verdade nunca chegou a penetrar com vigor nos meios operário e universitário americanos.

O desenvolvimento empírico que a sociologia americana experimentou — os trabalhos da "Escola de Chicago" são um marco de referência a esse respeito — levou vários estudiosos a se dedicarem com verdadeiro furor à criação de novos métodos e técnicas de investigação. Uma série de estudiosos, como George Lundeberg, Paul Lazarsfel, Samuel Stouffer e outros, passou a se ocupar de questões metodológicas, buscando em larga medida refinar os procedimentos quantitativos e estatísticos da pesquisa de campo. Sem dúvida, alguns desses trabalhos forneceram uma contribuição à investigação sociológica.

Mas devido à insistência com que trataram os problemas de métodos da pesquisa empírica, relegando de certa forma as questões teóricas a segundo plano transformaram as especulações sobre os métodos e técnicas da pesquisa empírica no grande campo de concentração e atenção dos sociólogos. O método e a técnica de pesquisa passaram a constituir de certa forma um fim em si mesmo.

Os estudos de campo que vários sociólogos realizaram segundo a orientação empirista, constituíram em boa medida um conjunto de fatos isolados, destituídos de visão histórica. Os trabalhos sobre as relações sociais, sobre as questões urbanas, sobre a família, sobre os "pequenos grupos", contribuíram para desmembrar os fenômenos investigados do conjunto da vida social. Essa tradição de investigação incorporou também uma visão positivista, passando a apresentar os seus trabalhos como "neutros" e "objetivos". George Lundberg, um dos expoentes dessa corrente, reafirmaria a tese positivista de considerar a sociologia uma ciência natural. Segundo ele, seria possível ao sociólogo estudar a sociedade com o mesmo estado de espírito com que um biólogo investiga um ninho de abelhas.

Essa avalanche empirista, que influenciou várias gerações de sociólogos americanos, irradiando-se também para os outros centros de investigação dos países centrais do capitalismo e também da periferia, representou uma profunda ruptura com o estilo de trabalho que realizaram os clássicos da sociologia. Vimos no capítulo anterior que estudiosos como Weber, Marx, Durkheim, Comte e outros buscaram trabalhar as questões que possuíam uma significação histórica, enfocando, por exemplo, a formação do capitalismo. Os novos estudos empíricos, em geral, abandonaram essa disposição de trabalhar com problemas históricos que possibilitassem uma compreensão da totalidade da vida social, concentrando-se via de regra em aspectos irrelevantes.

A ruptura de algumas tendências significativas da sociologia contemporânea com relação às preocupações dos pensadores clássicos, ao lado de um reformismo conservador preocupado com os problemas dos "desajustes sociais", de uma postura teórica antimarxista, e da adoção de uma ética positivista que pressupunha uma separação entre os julgamentos de fato e os julgamentos de valor, tudo isso possibilitou à sociologia se firmar como ciência de uma prática conservadora. Os dinamismos que passaram a comandar o seu avanço daí em diante seriam motivados pela sua capacidade de resolver os "problemas sociais" da sociedade capitalista, principalmente para protegê-la na sua luta pela neutralização dos diferentes movimentos revolucionários que passaram a surgir em várias sociedades.

É nesse contexto que surge a melancólica figura do *sociólogo profissional*, que passa a desenvolver as suas atividades de correção da ordem, adotando uma atitude científica "neutra" e "objetiva". Na verdade, a institucionalização da sociologia como profissão e do sociólogo como "um técnico", um "profissional como outro qualquer", foi realizada a partir da promessa de rentabilidade e instrumentabilidade que os sociólogos passaram a oferecer a seus empregadores potenciais, como o Estado moderno, as grandes empresas privadas e os diversos organismos internacionais empenhados na conservação da ordem em escala mundial.

A universidade foi, em diversos países capitalistas, tanto nas nações centrais como nas periféricas, abandonando um relativo isolamento em face do Estado moderno e das imensas organizações econômicas para vincular-se estreitamente aos centros do poder econômico e às suas necessidades de preservação. Diante disso, a sociologia já não pode mais ser considerada um simples aspecto do mundo universitário. Vários professores passaram a colaborar leal e decididamente com os diferentes órgãos estatais e empresas privadas. O envolvimento de diversos cientistas sociais e sociólogos em conflitos como o do Vietnã e projetos que visavam a estudar os movimentos revolucionários de diversas nações latino-americanas foi, em passado recente, fartamente denunciado por sociólogos que ainda mantêm uma posição de crítica e de independência intelectual.

A profissionalização da sociologia, orientada para legitimar os interesses dominantes, constituiu campo fértil para uma classe média intelectualizada ascender socialmente. A profissionalização do sociólogo, moldada por essa lógica de dominação, acarretou-lhe, via de regra, a sua conversão em assalariado intelectual e a domesticação do seu trabalho.

O método de investigação funcionalista, que durante as últimas décadas dominou uma parte considerável do pensamento teórico na sociologia em diversos países, constituía uma outra dimensão importante na guinada desta disciplina rumo a posturas conservadoras. Sem negar o valor de algumas descobertas teóricas proporcionadas pela explicação funcionalista, ela desempenhou papel destacado na escalada dos usos conservadores das ciências sociais. Dos fundadores deste método de investigação aos seus atuais seguidores, independentemente das nuances por ele assumidas entre os seus adeptos, prevaleceu a preocupação com o problema da ordem social. Como é possível a ordem social? Talvez seja essa interrogação que tenha unido homens como Durkheim, Malinowski, Radcliffe-Brown, Talcott Parsons e muitos outros.

O pensamento conservador, representado por figuras como de Bonald, Maistre, Burke e outros, também havia, como vimos anteriormente, centrado as suas atenções sobre a questão da ordem social e dos mecanismos que a tornam possível. Os diferentes matizes do método funcionalista preservavam essa preocupação com a elucidação das condições de funcionamento e de continuidade dos sistemas sociais. Com essa perspectiva, analisaram a contribuição que determinadas instituições culturais forneciam para a manutenção da solidariedade social e a importância dos valores e das orientações culturais para a integração da vida social.

Um funcionalista convicto — Robert Merton — sublinhou os excessos de algumas análises funcionalistas que consideram a sociedade algo coerente e organizado, bastante organizado. Isso, para ele, além de ser abusivo, não possui muito sentido, ao pressupor que toda instituição cultural ou social contribua de forma positiva para o ajustamento de determinada sociedade. Assinala ele que nem todos os elementos culturais ou sociais contribuem para o equilíbrio social, pois alguns podem ter consequências incômodas para certa sociedade, dificultando o "bom funcionamento" de sua ordem.

Por mais que alguns sociólogos procurem "corrigir" os excessos do funcionalismo e defendê-lo das persistentes acusações de ser ele uma ideologia conservadora, os trabalhos orientados por essa abordagem, ao que tudo indica, jamais colocaram em questão a validade da ordem estabelecida, tomando implicitamente uma posição francamente favorável à sua preservação e aperfeiçoamento.

No entanto, vários sociólogos têm manifestado uma posição de crítica e questionamento à produção de uma sociologia comprometida com a preservação da ordem, seja no nível de suas técnicas e métodos de investigação, seja no nível da prática profissional. Pensadores como Wright Mills, Alvin Gouldner, Lucien Goldman, Martin Nicolaus e vários outros têm realizado uma penetrante avaliação das relações entre a sociologia e as relações dominantes.

Ao lado de uma sociologia que estendeu suas mãos ao poder, não se pode deixar de mencionar as importantes contribuições proporcionadas por uma sociologia orientada por uma perspectiva crítica. Em boa medida, esta sociologia tem permitido a compreensão da sociedade capitalista atual, das suas políticas de dominação e dos processos históricos que buscam alterar a sua ordem existente. Tanto nos países centrais do capitalismo como nos periféricos, têm surgido novas gerações de cientistas sociais que procuram realizar com seus trabalhos uma autêntica crítica da dominação burguesa, buscando combinar a alteração da ordem com a sua explicação.

Vimos anteriormente que a sociologia encontrou sua vocação crítica na tradição do pensamento socialista, que tem analisado a sociedade capitalista como um acontecimento histórico transitório e passageiro. São os autores clássicos e as novas expressões do pensamento socialista que têm colocado a sociologia em contato com os processos de transformação da sociedade.

Pensadores como Korsh, Lukács e os pesquisadores do Instituto de Pesquisa Social de Frankfurt, como Adorno, Horkheimer, Marcuse, forneceram uma importante contribuição ao estudo crítico da sociologia e da sociedade capitalista. Em geral, esses pensadores rejeitaram a ideia do marxismo como ciência positiva da sociedade, ou seja, como "Sociologia", tal como esta ciência fora imaginada pelo positivismo. Lukács, em seu trabalho *História e consciência de classe*, concebeu o marxismo como uma "filosofia crítica" que expressava a visão de mundo do proletariado revolucionário. Os pensadores da "Escola de Frankfurt" também desenvolveram uma concepção do marxismo como "filosofia crítica", bastante diferenciada, segundo eles, do positivismo sociológico. O marxismo, nas mãos dos membros da "Escola de Frankfurt", foi colocado fora da política partidária, assumindo um caráter de crítica geral da cultura burguesa, dirigida principalmente a um público constituído em sua grande maioria por estudantes e intelectuais.

Vários teóricos do marxismo contemporâneo, sem negar a importância dos fatores econômicos na explicação da vida social, procuraram investigar com maiores detalhes o papel das ideologias na manutenção da dominação burguesa. Os trabalhos de Gramsci, Althusser, Poulantzas, Bourdieu e outros, independentemente de suas variações metodológicas, têm possibilitado uma compreensão mais adequada de como se processa o domínio intelectual da burguesia sobre as demais classes sociais.

Nos vários países que formam a periferia do sistema capitalista, produz-se uma sociologia questionadora da ordem, principalmente da dominação imperialista a que esses povos estão submetidos. Alguns dos questionamentos mais severos das suposições básicas da sociologia, dos seus conceitos e métodos, da sua conduta, têm partido dos sociólogos da periferia do sistema capitalista, inconformados com a situação histórica em que se encontram seus povos e com os rumos que a sociologia tomou em diversas sociedades.

Mas para que essa disposição de imprimir uma orientação crítica à sociologia, assim como a de recuperar o pensamento socialista clássico e incorporar os resultados das novas expressões desse pensamento, ganhe uma eficácia prática, é necessário que o sociólogo estabeleça uma relação com as forças e com os movimentos sociais que procuram modificar a essência das relações dominantes. Nesse sentido, é fundamental que o sociólogo quebre o seu isolamento e passe a interagir com os grupos, as classes e as organizações que procuram recriar a sociedade.

Em grande medida, a função do sociólogo de nossos dias é liberar sua ciência do aprisionamento que o poder burguês lhe impôs e transformar a sociologia em um instrumento de transformação social. Para isso, deve colocá-la ao lado — sem paternalismo e vanguardismo — dos interesses daqueles que se encontram expropriados material e culturalmente, para junto deles construir uma sociedade mais justa e mais igualitária do que a presente.

INDICAÇÕES PARA LEITURA

O leitor interessado em textos de introdução à sociologia escritos numa linguagem agradável e de fácil entendimento deverá recorrer ao livro de Peter Berger intitulado *Perspectivas sociológicas* (Editora Vozes, 1975). Outro texto de leitura estimulante e que possibilita uma interessante introdução ao universo da sociologia, de suas potencialidades intelectuais e de alguns de seus problemas atuais, é o trabalho de Wright Mills intitulado *A imaginação sociológica* (Zahar Editores, 1965). O trabalho conjunto de Theodor Adorno e Max Horkheimer, *Temas básicos de sociologia* (Editora Cultrix, 1973) também constitui uma boa leitura para aqueles que desejam inteirar-se dos principais assuntos de que trata a sociologia. Outro texto que apresenta em linguagem acessível algumas das principais preocupações da sociologia é o pequeno livro de Margarett Coulson *Introdução crítica à sociologia* (Zahar Editores). O livro de Florestan Fernandes *Ensaios de sociologia geral e aplicada* é um trabalho que introduz ao objeto de estudo desta disciplina e a vários de seus problemas.

Para os que desejam entrar em contato, em um nível introdutório, com autores consagrados da sociologia como Marx, Weber, Durkheim, Comte, Lênin, Lukács e outros, encontrarão na coleção "Grandes Cientistas Sociais", publicada pela Editora Ática, uma coletânea de textos selecionados daqueles pensadores. Geralmente, há uma breve apresentação da vida e da importância da obra desses pensadores feita pelo organizador de cada volume. O livro organizado por Gabriel Cohn, que se chama *Para ler os clássicos* (Livros Técnicos e Científicos Editores, 1977), reúne uma série de bons artigos de comentadores das obras de Durkheim, Weber e Marx. Trata-se de um sugestivo roteiro para uma proveitosa leitura daqueles autores. O trabalho de Anthony Giddens *Capitalismo e moderna teoria social* (Editorial Presença, Lisboa, 1972), apresenta uma exposição introdutória sobre a relação entre o contexto social e a obra produzida por Durkheim, Marx e Weber.

Os trabalhos de Raymond Aron, *Les étapes de la pensée sociologique* (Éditions Gallimard, Paris, 1967), e de Robert Nisbet, *La Formación del pensamiento sociológico* (Editora Amorrortu, Buenos Aires, 1969), são leituras fundamentais para quem estiver interessado numa exposição mais detalhada da formação da sociologia. Outro trabalho nessa mesma direção, analisando também as fontes do pensamento sociológico, é a coletânea *História da análise sociológica*, organizada em conjunto por Tom Bottomore e Robert Nisbet (Zahar Editores, 1980). O trabalho de Carlos Moya *A imagem crítica da sociologia* (Editora Cultrix, 1976) também é uma leitura importante para o entendimento da formação da sociologia. Outro texto importante sobre os condicionamentos sociais que marcaram a constituição da sociologia é o texto de Florestan Fernandes *A natureza sociológica da sociologia* (Editora Ática, 1980).

O leitor interessado em compreender melhor as fontes ideológicas da sociologia deve consultar o interessante livro de Irving Zeitlin, *Ideologia y Teoria Sociologica* (Amorrortu Editores, Buenos Aires, 1973). O pequeno livro de Goldman, *Ciências humanas e filosofia* (Difusão Europeia do Livro, 1974), constitui uma envolvente discussão sobre a relação entre sociologia e ideologia. Os trabalhos de Michel Dion, *Sociologia y Ideologia* (Libros de Confrontación, Barcelona, 1974), e o de Leon Bramson, *O conteúdo político*

da sociologia (Edição Fundo de Cultura, 1963), são textos significativos a esse respeito. Os que estiverem interessados em se informar sobre conversão da sociologia em técnica de controle político devem consultar a antologia de textos organizada por Robin Blackburn, *Ideologia y Ciencias Sociales* (Ediciones Grijalbo, Barcelona, 1977), e também o pequeno trabalho de Jose Maria Maravall *La Sociologia do Possible* (Siglo Veintiuno, Madri, 1972).

Com relação à presença da sociologia na sociedade latino-americana e alguns de seus problemas, o leitor pode recorrer aos livros de Rodolfo Stavenhagen, *Sociologia y Subdesarollo* (Editorial Nuestro Tiempo, México, 1972), e de Octávio Ianni, *Sociologia da sociologia da américa Latina* (Editora Civilização Brasileira). Quanto à sociologia na sociedade brasileira, dois trabalhos introduzem o leitor à sua formação e desenvolvimento: *A sociologia no Brasil*, de Florestan Fernandes (Editora Vozes) e *Sociedade e sociologia no Brasil,* de Octávio Ianni (Editora Alfa-Omega).

SOBRE O AUTOR

Carlos Benedito Martins é sociólogo, graduado e mestre em Ciências Sociais pela PUC de São Paulo, onde exerceu durante vários anos atividade docente. Foi coordenador do Departamento de Sociologia daquela universidade no período de 1977 a 1981.

É doutor em Sociologia pela Universidade de Paris, onde apresentou a tese "Le Nouvel Enseignement Supérieur Privé au Brésil (1964-1983): rencontre d'une demande sociale et d'une oppórtunité politique". É autor do livro *Ensino pago: um retrato sem retoque*, publicado pela Global Editora. Organizou *Ensino superior brasileiro: transformações e perspectivas atuais*, publicado pela Brasiliense.

Atualmente exerce funções de docência e de pesquisa no Departamento de Sociologia da Universidade de Brasília (UnB), atuando nas áreas de Teoria Sociológica e Sociologia da Educação. É também pesquisador do CNPq.